漱玉词

SHU YU CI

-

Li Qingzhao

宋·李清照——著

全丽娜——译

江苏凤凰文艺出版社
JIANGSU PHOENIX LITERATURE AND ART PUBLISHING, LTD

Contents

目录

1. 南歌子·天上星河转

天上星河转，人间帘幕垂。凉生枕簟泪痕滋，
起解罗衣聊问、夜何其?
翠贴莲蓬小，金销藕叶稀。旧时天气旧时衣。
只有情怀不似、旧家时!

【注释】

星河：银河。

枕簟：枕头和竹席。

滋：滋长，增多。

罗衣：指轻软丝织品制成的衣服。

聊：姑且。

夜何其：夜到了什么时辰。

翠贴、金销：贴翠、销金，为服饰工艺。

情怀：心情。

旧家：从前。

【译文】

银河在天上不断地移动，人间的帘幕静静地低垂。枕席渐渐有了凉意，泪痕越来越多。起身解开罗衣，姑且问问夜到了何时?

罗衣上翠线绣的莲蓬枯萎变小了，金线绣的莲叶也稀疏了。天气罗衣都还是旧时的模样，只有人的心情不似旧时了！

【辑评】

中国李清照辛弃疾学会孙崇恩：全词寓情于景，境界开阔，情调沉郁，含蓄隽永，委婉曲折地表现了词人的身世冷落之悲和家国沦亡之苦。

2. 转调满庭芳・芳草池塘

芳草池塘，绿阴庭院，晚晴寒透窗纱。玉钩金锁，管是客来吵。寂寞尊前席上，惟愁海角天涯。能留否？酴醿落尽，犹赖有梨花。

当年、曾胜赏，生香熏袖，活火分茶。极目犹龙骄马，流水轻车。不怕风狂雨骤，恰才称、煮酒残花。如今也，不成怀抱，得似旧时那？

【注释】

转调满庭芳：词牌名，《满庭芳》的变调。

绿阴：绿荫。

晚晴：傍晚晴朗的天色。

玉钩：新月，形容月亮形状如玉钩。

管是：准是。

吵：语助词，宋人词中用来押韵。读作“沙”音。

海角天涯：形容遥远如海之角、天之涯的地方。

酴醿：或作“荼蘼”，花名。

胜：优美的意思。

生香：点香。

活火：炭火的火焰。

分茶：以茶匙取茶水注入盏中，为宋人品茶的一道程序。

极目：远望，尽目力所及。

【译文】

池塘边青草芬芳，庭院里绿荫遮蔽，晴朗的傍晚，夕阳带着丝丝寒意浸透了纱窗。新月升起，金锁低垂，往日定是有客人来。宴席之上，美酒杯杯，寂寞重生，沦陷的故国似“海角天涯”，那么遥远，不能触及的过往，叫人难以释怀。可以留住的有什么？荼蘼花落尽，幸好还有梨花绽放。

想当年出游观赏，点香熏袖，活火烹茶。极目远眺，繁华都市，街上车水马龙。不怕狂风骤雨，依旧才情卓越，煮酒作诗赋词。而如今，物是今非，与往日的欢欣不可同日而语。

【讲解】

李清照晚年生活孤独凄凉，通过回忆当年的生活，将过去的美好和今日的凄凉作对比，寄托故国伤思。

光緒丁亥七月上浣山陰任頤伯年甫

3. 渔家傲・天接云涛连晓雾

天接云涛连晓雾，星河欲转千帆舞。彷佛梦魂归帝所。闻天语，殷勤问我归何处。

我报路长嗟日暮，学诗谩有惊人句。九万里风鹏正举。风休住，蓬舟吹取三山去。

【注释】

梦魂：古人认为人的灵魂在睡梦中会离开肉体，故称“梦魂”。

帝所：天帝所居住的场所。

天语：天帝的话语。

殷勤：关切地，关注地。

嗟：慨叹。

谩有：空有，徒有。

九万里：《庄子・逍遥游》中说大鹏乘风飞上九万里高空。

鹏：古代神话传说中的大鸟。

蓬舟：像蓬蒿被风吹转的船。古人以蓬根被风吹飞，喻飞动。

三山：《史记・封禅书》记载：渤海中有蓬莱、方丈、瀛洲三座仙山，相传为仙人所居住，可以望见，但乘船前往，临近时就被风吹开，终无人能到。

【译文】

天空连接着那波浪一样翻滚的云海，滚滚云海和晨雾混成一体，银河欲转动，千帆如飞舞。梦魂仿佛又回到了天帝居住的宫殿，听见天帝在说话，殷勤地问我要回到哪里去。

我回报天帝说：路途漫长，可惜已是日暮。学作诗，徒有妙句惊人。长空九万里，大鹏正展翅高飞。风不要停息，将这一叶蓬舟直接吹到三仙岛去。

4. 如梦令·常记溪亭日暮

常记溪亭日暮，沉醉不知归路。兴尽晚回舟，误入藕花深处。争渡，争渡，惊起一滩鸥鹭。

【注释】

常记：时常记起。

溪亭：溪边的亭台，也有说法为济南新七十二名泉之一。

兴尽：兴致尽了。

晚：迟。

误入：不小心进入。

藕花：荷花。

争：怎么，如何。

一滩：满滩。

鸥鹭：指水鸟。

【译文】

还记得游溪亭一直到了日落，太过沉醉而忘记了回家的路。终于尽了兴致，不知不觉中天色已晚，回到船上，却不小心误入了荷花深处。怎么划出去呀，怎么划出去呀，惊起了满滩的鸥鹭。

【辑评】

吴小如《诗词札丛》：我以为“争”应作另一种解释，即“怎”的同义字。这在宋词中是屡见不鲜的。“争渡”即“怎渡”，这一叠句乃形容泛舟人心情焦灼，千方百计想着怎样才能把船从荷花丛中划出来，正如我们平时遇到棘手的事情直呼“怎么办”“怎么办”的口吻。不料左右盘旋，船却总是走不脱。这样一折腾，那些已经眠宿滩边的水鸟自然会受到惊扰，扑啦啦地群起而飞了。检近人王延梯《漱玉集注》，“争”正作“怎”解，可谓先得我心。

乙酉秋九月

5. 如梦令·昨夜雨疏风骤

昨夜雨疏风骤，浓睡不消残酒。试问卷帘人，却道海棠依旧。知否、知否？应是绿肥红瘦。

【注释】

雨疏风骤：雨点稀疏，晚风急骤。

浓睡：酣睡，沉睡。

残酒：还没有消散完的酒意。

卷帘人：这里应为侍女。

绿肥红瘦：绿叶茂盛，红花枯萎消瘦。

【译文】

昨夜的雨点稀疏，风却急猛地刮了一夜，沉睡醒来，酒意还没有完全消散。问正在卷帘的侍女，外面怎样了？她却只说海棠花还是一样。可知道，可知道？应该是绿叶繁茂，红花消瘦了。

【辑评】

黄苏《蓼园词选》：按：一问极有情，答以“依旧”，答得极澹，跌出“知否”二句来。而“绿肥红瘦”，无限凄婉，却又妙在含蓄。短幅中藏无数曲折，自是圣于词者。

6. 多丽·小楼寒

小楼寒，夜长帘幕低垂。恨萧萧、无情风雨，夜来揉损琼肌。也不似、贵妃醉脸，也不似、孙寿愁眉。韩令偷香，徐娘傅粉，莫将比拟未新奇。细看取，屈平陶令，风韵正相宜。微风起，清芬蕴藉，不减酴醾。

渐秋阑、雪清玉瘦，向人无限依依。似愁凝、汉皋解佩，似泪洒、纨扇题诗。朗月清风，浓烟暗雨，天教憔悴度芳姿。纵爱惜，不知从此，留得几多时。人情好，何须更忆，泽畔东篱。

【注释】

多丽：词牌名，一名“鸭头绿”，一名“陇头泉”，139 字。此词是《漱玉词》中最长的一首。

萧萧：风雨急骤的样子。

琼肌：这里形容菊花花瓣洁白如玉。

贵妃醉脸：贵妃醉酒后的脸庞，妩媚动人。唐李浚《松窗杂录》记载，中书舍人李正封有咏牡丹花诗云：“天香夜染衣，国色朝酣酒。”唐明皇读来很欣赏，便对爱妃杨玉环说：“妆镜台前，宜饮以一紫金盏酒，则正封之诗见矣。”

孙寿愁眉：《后汉书·梁冀传》：“妻孙寿，色美而善为妖态，作愁眉、啼妆、堕马髻、折腰步、龋齿笑，以为媚惑。”

韩令偷香：韩令，指韩寿。《晋书·贾充传》谓：韩寿本是贾充的属官，美姿容，被贾充女贾午看中，韩逾墙与午私通，午以晋武帝赐充奇香赠韩寿，充发觉后即以女嫁韩。

徐娘傅粉：徐娘，指梁元帝的妃子徐昭佩，为湘东王妃。《南史·梁元帝徐妃传》：“妃以帝眇一目，每知帝将至，必为半面妆以俟，帝见则大怒而去。”傅粉：此处当指徐妃“为半面妆”之故实。一说傅粉指何晏之事。《三国志·曹爽传》注引《魏略》称何晏“美姿仪，面至白，平日喜修饰，粉白不去手”，人称“傅粉何郎”。

看取：看着。取，语助词。

屈平陶令：屈平是屈原的名。陶渊明曾任彭泽令。

蕴藉：宽和有涵容。

秋阑：深秋，秋色已晚。阑：残，尽。

汉皋解佩：《太平御览》中《列仙传》云：“郑交甫将往楚，道之汉皋台下，有二女，佩两珠，大如荆鸡卵。交甫与之言，曰：‘欲子之佩。’二女解与之。既行返顾，二女不见，佩亦失矣。”这里指男子有外遇。

纨扇题诗：纨扇，又称团扇、罗扇。班彪之姑班婕妤非常有才情，曾得汉成帝宠爱，后被赵飞燕用计退处东宫。相传曾作《怨歌行》：“新裂齐纨素，皎洁如霜雪。裁为合欢扇，团团似明月。出入君怀袖，动摇微风发。常恐秋节至，凉风夺炎热。弃捐箧笥中，恩情中道绝。”这种被弃女子的慨叹称为婕妤之叹或婕妤之悲。

教：叫，让。

泽畔东篱：代指屈原、陶渊明。

【译文】

长夜漫漫，帘幕低垂，小楼上寒意阵阵。恨这萧瑟无情的风雨，趁着夜色，蹂躏摧残着洁白如玉的白菊。它不似贵妃醉脸妩媚，也不似孙寿愁眉动人。韩令偷香，徐娘傅粉，他们和这菊花比起来也没有什么新奇。细细观察，屈原和陶令的高洁风韵正相宜。微风吹起，清香淡雅沁人心扉，丝毫不逊于荼蘼。

渐渐到了深秋时节，白菊清淡消瘦起来，好像依依不舍这人世间一般。它似忧愁凝结，汉皋解佩；似泪洒纨扇题诗。明月清风，烟雾伴雨，上天让白菊在憔悴中度尽芳姿。纵然爱惜也不知还能盛开多少时候。世人如果都懂得这份情谊，又何必再追忆屈原和陶渊明呢。

【辑评】

况周颐《珠花簃词话》：李易安《多丽·咏白菊》，前段用贵妃、孙寿、韩椽、徐娘、屈平、陶令若干人物，后段雪清玉瘦、汉皋纨扇、朗月清风、浓烟暗雨许多字面，却不嫌堆垛，赖有清气流行耳。“纵爱惜，不知从此，留得几多时”三句最佳，所谓传神阿堵，一笔凌空，通篇具活。歇拍不妨更用“泽畔东篱”字。昔人评《花间》镂金错绣而无痕迹，余于此阕亦云。

7. 菩萨蛮·风柔日薄春犹早

风柔日薄春犹早，夹衫乍著心情好。睡起觉微寒，梅花鬓上残。
故乡何处是？忘了除非醉。沉水卧时烧，香消酒未消。

【注释】

日薄：形容早春阳光和煦。

乍著：刚刚穿上。

梅花：此处当指插在鬓角上的春梅，也有说法指梅花妆。

沉水：沉香。

【译文】

微风轻柔，日色和煦，已经是早春时节，刚换上夹衫心情很好。睡醒起来觉得微微有些寒冷，插鬓上的梅花也残乱了。哪里才是故乡？只有喝醉了才能忘却忧愁。睡前点上的沉香，现在香雾已经消散，酒意却还未全消。

雲舫仁兄先生大雅之屬即是就正
光緒丙戌十一月小雪後五日山陰任頤伯年甫

8. 菩萨蛮·归鸿声断残云碧

归鸿声断残云碧，背窗雪落炉烟直。烛底凤钗明，钗头人胜轻。

角声催晓漏，曙色回牛斗。春意看花难，西风留旧寒。

【注释】

归鸿：归来的大雁。

碧：青绿色。

背窗：身后的窗子。

凤钗：凤凰钗，古代妇女的首饰，形状如凤，故得名。

人胜：剪成人形的首饰。皆古人于人日所戴饰物，始于晋唐。

角：古代军中的一种乐器。

晓漏：拂晓时的滴漏。漏为古代滴水计时的器具。

牛斗：与斗、牛同。两个星宿名。

【译文】

大雁归来，声声断肠哀鸣着消失在残云碧空中。后窗外落雪纷纷，一缕炉烟直直升起。烛光映照下，她头上插戴的凤钗明晃晃的，凤钗上装饰的人胜首饰轻巧精致。

军中角声仿佛催促着晓漏，牛斗星宿渐渐消失不见，曙光破晓。春意虽有了，却没有花可以观赏，西风夹杂着料峭春寒，花怎敢开放。

【讲解】

本意虽写春寒逼人，其实是诉说敌兵逼近，国家危亡，今年难似往年的赏花心意。

青州府失陷后，李清照的丈夫赵明诚南下江宁任职，李清照也跟随丈夫南迁，随后赵明诚病故。李清照带着丈夫的遗物流离失所，辗转各地，最后才落脚杭州。家破人亡，故土沦丧，李清照步入了人生惨淡凄楚的境地。这首词便作于此时。

9. 浣溪沙·莫许杯深琥珀浓

莫许杯深琥珀浓，未成沉醉意先融。疏钟已应晚来风。
瑞脑香消魂梦断，辟寒金小髻鬟松。醒时空对烛花红。

【注释】

琥珀浓：美酒如琥珀，形容酒浓郁。

融：酒后舒适自在的意思。

瑞脑：一种名贵的香，又称龙脑香，原产于东南亚和西亚，隋唐时传入中国。

辟寒金：相传昆明国有一种益鸟，常吐金屑如粟，铸之可以为器。王嘉《拾遗记》卷七："宫人争以鸟吐之金，用饰钗佩，谓之辟寒金。"这里借指首饰。辟寒金小：钗小。

烛花：灯花。烛芯燃烧后，结成花状。相传灯花是喜事的征兆。

【译文】

不要推辞这酒杯太深，如琥珀的美酒太浓，酒还没醉心却先醉了。晚风阵阵，伴随着稀疏的钟声。瑞脑香渐渐熄灭，魂梦难成，辟寒金钗太小，发髻松散。夜里醒来，空对着寂寞的烛花，心事重重。

【辑评】

沈德潜《说诗晬语》：“只见眼前景、日头语”，却有“弦外音，味外味”，能够“使人神远”。

10. 浣溪沙 · 小院闲窗春色深

小院闲窗春色深，重帘未卷影沉沉。倚楼无语理瑶琴。
远岫出云催薄暮，细风吹雨弄轻阴。梨花欲谢恐难禁。

【注释】

闲窗：指有护栏的窗户。

重帘：层层帘幕。

沉沉：指闺房深邃幽暗。

理：拨弄。

瑶琴：饰玉的琴，不一定非有玉饰，也可形容富贵高雅。

远岫：远山。

薄暮：傍晚太阳落山之时。

轻阴：淡云。

难禁：难以阻止。

【译文】

闲窗外小院里春色已深，层层帘幕没有卷起，幽暗的闺房里更显深邃。倚在绣楼栏杆上无语地拨弄着瑶琴。

远处山峰上的云雾加速了夜幕的降临。轻风吹动着细雨，好似戏弄着阴云。梨花即将凋谢，恐怕是经受不住这次风雨了。

少川仁兄大人雅正
光绪壬辰新秋
山阴任伯年写

11. 浣溪沙・淡荡春光寒食天

淡荡春光寒食天，玉炉沉水袅残烟，梦回山枕隐花钿。
海燕未来人斗草，江梅已过柳生绵，黄昏疏雨湿秋千。

【注释】

淡荡：舒缓，和舒。

寒食：节令名。在清明前一二日，焚火三天，只吃冷食，所以称寒食。

玉炉：香炉的美称。

梦回：从梦中醒来。

山枕：两端隆起如山形的凹枕。

花钿：古代妇女脸上的装饰品，以金银材质为主，花状居多。

海燕：燕子的别称，古人认为燕子产于南方，须渡海而至。

斗草：一种竞采百草、比赛优胜的游戏，参加者多为青年妇女与儿童，属于端午民俗。

江梅：梅的一种优良品种，非专指生于江边或水边之梅。

柳绵：即柳絮。

【译文】

寒食清明时节，满目春色荡漾。玉炉中沉香的残烟袅袅，即将燃尽。梦里醒来，头上的花钿已经掉落在山枕上。

这个季节，海燕竟还没有归来，人们已经玩起了斗草的游戏。江梅已经凋落，柳絮随风荡漾在空中。黄昏时分稀疏的雨点打湿了院子里的秋千，也打湿了这绵绵的心绪。

【讲解】

这首词通篇景物描写，仔细体味又满是情意，隽秀自然，清新淡雅，李清照高雅的情趣和高超的写作技巧尽在其中。

12. 凤凰台上忆吹箫·香冷金猊

香冷金猊，被翻红浪，起来慵自梳头。任宝奁尘满，日上帘钩。生怕离怀别苦，多少事、欲说还休。新来瘦，非干病酒，不是悲秋。

休休！这回去也，千万遍阳关，也则难留。念武陵人远，烟锁秦楼。惟有楼前流水，应念我、终日凝眸。凝眸处，从今又添，一段新愁。

【注释】

金猊：香炉，狻猊是中国古代神话传说中龙生九子之一，形如狮。

红浪：红色床褥如波浪一样铺在床上。

慵：懒。

宝奁：梳妆镜匣。

病酒：喝酒而病。

阳关：语出《阳关三叠》，是唐宋时的送别曲。此处泛指离歌。

也则：依旧。

秦楼：秦穆公为其女弄玉所建之楼。冯延巳《南乡子》词："烟锁秦楼无限事。"

【译文】

狻猊形状的香炉里熏香已经冷透，锦被如红浪般铺在床上，清晨起来也慵懒地无心梳头。任凭梳妆匣上铺满了灰尘，日光照耀在帘钩上。最怕的事情就是离别的痛苦，多少心事欲说还休。最近身体也日渐消瘦，不是因为喝酒生病，也不是因为悲秋。

就这样吧，这回离别，《阳关曲》唱了千万遍，也终究还是难以将你留下。你这一去，要念想着，还有人在这烟雾笼罩中独守空楼。只有这楼前流水，应顾念着我，终日凝眸观望。凝眸的地方，从今往后，又平添了一段新愁。

13. 一剪梅·红藕香残玉簟秋

红藕香残玉簟秋，轻解罗裳，独上兰舟。云中谁寄锦书来，雁字回时，月满西楼。

花自飘零水自流，一种相思，两处闲愁。此情无计可消除，才下眉头，却上心头。

【注释】

红藕：红色的荷花。

玉簟：光泽如玉的竹席。

兰舟：用木兰木造的舟。也有说这里指床榻。

锦书：书信的美称。

雁字：雁群飞行时，常排列成“人”字或“一”字形，因称“雁字”。

飘零：凋谢，凋零。

闲愁：无缘无故的忧愁。

无计：没有办法。

【译文】

红色的荷花已经凋谢，仍有幽香残留，睡在光泽如玉的竹席上，有了一些秋天的凉意。轻轻解下罗裳，独自踏上兰舟，白云悠悠，谁会将书信寄来？排成字的大雁归来之时，皎洁的月光洒满了西楼。

落花独自飘零，秋水独自流淌。一种相思，牵动了两处的闲愁。这相思之情没有办法可以消除，才下微蹙的眉头，又萦绕在了心头。

【辑评】

李廷机《草堂诗馀评林》卷二：此词颇尽离别之情，语意超逸，令人醒目。

王世贞《弇州山人词评》：李易安“此情无计可消除，才下眉头，却上心头。”可谓憔悴支离矣。

陈廷焯《云韶集》卷十：起七字秀绝，真不食人间烟火者。梁绍壬谓：只起七字已是他人不能到。结更凄绝。

况周颐《〈漱玉词〉笺》：玉梅词隐云，易安精研宫律，所以何至出韵。周美成倚声传家，为南北宋关键，其《一剪梅》第四句均不用韵，讵皆出韵耶？窃谓《一剪梅》调当以第四句不用韵一体为最早，晚近作者，好为靡靡之音，徒事和畅，乃添入此叶耳。

14. 蝶恋花·泪湿罗衣脂粉满

泪湿罗衣脂粉满，四叠阳关，唱到千千遍。人道山长山又断，萧萧微雨闻孤馆。
惜别伤离方寸乱，忘了临行，酒盏深和浅。好把音书凭过雁，东莱不似蓬莱远。

【注释】

昌乐馆：昌乐县驿馆，故址在今山东昌乐西北十里。

萧萧：一作“潇潇”。

孤馆：孤独寂寞的旅馆。

方寸乱：心绪乱。

东莱：即莱州，时为李清照丈夫赵明诚为官之地，今山东莱州市。

蓬莱：指蓬莱山，传说中的海上仙山名。

【译文】

与姐妹分别时，泪水打湿了衣衫，洇湿了胭脂，四叠阳关唱了几千遍，千言万语也难尽别情。莱州路途遥远，山峰绵延不断，潇潇细雨，寄宿馆所，更是忧愁。

被离情伤愁扰得心乱如麻，竟不知在饯行时姐妹的送别酒的深浅。最后慰藉姐妹，你们要将音讯让鸿雁传来，好在东莱不像蓬莱那样遥远。

【讲解】

这首词写于李清照自青州赴莱州探望丈夫赵明诚的途中，孤身投宿旅馆，潇潇细雨中，对姊妹的思念之情溢于言表。

15. 蝶恋花·暖雨晴风初破冻

暖雨晴风初破冻，柳眼梅腮，已觉春心动。酒意诗情谁与共？泪融残粉花钿重。

乍试夹衫金缕缝，山枕斜欹，枕损钗头凤。独抱浓愁无好梦，夜阑犹剪灯花弄。

【注释】

初破冻：刚刚解冻。

柳眼：初生柳叶，细长如眼，故谓“柳眼”。

梅腮：梅花瓣儿，似美女香腮，故称“梅腮”。

乍：起初，刚刚开始。

金缕缝：用金钱缝成的衣服。

欹（qī）：靠着。

夜阑：夜深。

【译文】

暖雨暖风，万物复苏，大地刚刚解冻。柳叶初长，梅花盛开，一副春意盎然好景象。如此好光景，酒意诗情能与谁分享?眼泪晕染了脸上的残粉，花钿也变得沉重。

刚试穿了金丝缝成的夹衫，却无心顾及，斜倚在山枕上，把精致的钗头凤都压坏了。孤独无眠只有浓愁做伴，连好梦都难圆。夜深人静，只能剪弄着灯花，以慰相思之苦。

16. 鹧鸪天・寒日萧萧上琐窗

寒日萧萧上琐窗，梧桐应恨夜来霜。酒阑更喜团茶苦，梦断偏宜瑞脑香。
秋已尽，日犹长。仲宣怀远更凄凉。不如随分尊前醉，莫负东篱菊蕊黄。

【注释】

萧萧：凄清冷落的样子。

琐窗：刻有连环纹饰的窗户。

酒阑：酒尽。

团茶：产生于宋代的一种小茶饼，专供宫廷饮用。茶饼上一般印有龙、凤花纹。印盘龙者称“龙团”或龙茶、盘龙茶、龙焙、小团龙；印凤者称“凤团”或凤饼、小凤团等。

仲宣：汉末文学家王粲的字，为“建安七子”之一。

随分：随便。

尊前：指酒宴之上。尊：同“樽”。

负：辜负，违背。

【译文】

秋日的阳光萧瑟惨淡地照耀在雕有连环图案的窗子上，梧桐也应该恨这寒霜夜晚来袭。酒尽之后更喜欢团茶的清苦，梦里醒来特别偏爱瑞脑清香宜人。

秋天即将过去，白天仍旧如此漫长。比起王粲怀念远方故乡的情意，此刻更显凄凉。不如对着樽中美酒，随意醉饮，莫辜负了这东篱赏菊的好时光。

【讲解】

这首词是李清照南渡后的作品，看似写闲情，写悦事，实则以乐写哀，故国沦丧，流离失所，悲秋孤寂之情无处排解，唯有寄情诗词酒赋了。

17. 小重山·春到长门春草青

春到长门春草青，江梅些子破，未开匀。碧云笼碾玉成尘，留晓梦，惊破一瓯春。
花影压重门，疏帘铺淡月，好黄昏。二年三度负东君，归来也，著意过今春。

【注释】

长门：长门宫，汉代宫名。汉武帝的陈皇后因妒失宠，被打入长门宫。古代文学作品中常用“长门怨”描写宫廷中失宠的哀怨。

些子：少许。

破：绽开、吐艳。

碧云笼碾：碧云，碧绿色的团茶。碾，碾碎。

玉成尘：将茶团碾成粉末状。

留晓梦：沉醉在清晨的梦中。

惊破：惊醒。

一瓯春：指一盂茶。瓯：盛器。

花：指江梅。

压：花影重重。

重门：层层的门。

疏帘：稀疏的竹织窗帘。

二年三度：时间上是两年或两年多，逢春次数而言则是三次。

东君：春神，形容美好的时光。

著意：着意，用心的意思。

【译文】

长门宫已经到了春天，春草遍地，红梅刚刚绽放，尚未均匀开遍。取出笼中珍贵的碧云茶，碾成粉末，清晨的梦境仍旧萦绕，喝下一瓯春茶才将其驱散。

花影斑驳压在重重的门户上，淡淡的月光洒在稀疏的帘幕上，如此美好的黄昏。已经是两年三次辜负了春神，归来吧，今年一定好好用心感受这春日美景。

18. 双调忆王孙 · 湖上风来波浩渺

湖上风来波浩渺，秋已暮、红稀香少。水光山色与人亲，说不尽、无穷好。
莲子已成荷叶老，清露洗、蘋花汀草。眠沙鸥鹭不回头，似也恨、人归早。

【注释】

浩渺：湖面浩荡渺渺。
秋已暮：秋天已到尽头。
红、香：以颜色、气味指代花。
蘋：多年生浅水草本蕨类植物。
眠沙鸥鹭：眠栖在沙滩上的水鸟。

【译文】

风吹过湖面波光浩渺，秋色已暮，红花渐渐凋落，还残留着淡淡余香。水光山色与人亲近，用语言无法描述尽这无限的美好。

莲子已经成熟，荷叶已经枯老，清晨的露水，清洗着水中蘋花和汀上水草。眠栖在沙滩上的水鸟不回头，似乎是在怨恨人们归去得太早。

【辑评】

彭孙通《金粟词话》：用浅俗之语，发清新之思。

19. 临江仙并序·庭院深深深几许

（欧阳公作《蝶恋花》，有深深深几许之句，予酷爱之。
用其语作庭院深深数阕，其声即作《临江仙》也。）

庭院深深深几许？云窗雾阁常扃。柳梢梅萼渐分明。春归秣陵树，人老建安城。
感月吟风多少事，如今老去无成。谁怜憔悴更凋零。试灯无意思，踏雪没心情。

【注释】

几许：多少。

云窗雾阁：云雾缭绕的楼阁。

扃（jiōng）：门闩、锁等。

梅萼：梅花最外面的叶状薄片。

秣陵：今江苏南京。

建安：福建省古郡建安，郡府驻地在今建瓯市。

感月吟风：即“吟风弄月”，指以风月等为题材写诗作词。

凋零：形容事物衰败。

试灯：未到元宵节，正月十四张灯预赏称为试灯。

【译文】

庭院深深，不知有多深，云雾缭绕的楼阁门窗经常紧闭。柳梢吐绿，梅萼返青，春色愈加分明。春天已经归来，秣陵城的树木渐绿，人将要终老在建安城了。

回想过去多少次赏月吟风，如今人已老去，做不成什么事情了。谁会怜惜你的日渐憔悴，元宵节前试灯，踏雪赏景这样曾经最喜爱的事情，如今也没有心情了。

【辑评】

周笃文：词旨凄黯，流露出很深的身世之恸。

20. 醉花阴·薄雾浓云愁永昼

薄雾浓云愁永昼，瑞脑销金兽。佳节又重阳，
玉枕纱橱，半夜凉初透。
东篱把酒黄昏后，有暗香盈袖。莫道不销魂，
帘卷西风，人似黄花瘦。

【注释】

愁永昼：烦恼白天太难熬。

销金兽：香炉里的香燃尽。金兽，兽形的香炉。

纱橱：即纱帐。

东篱：指采菊之地。

暗香：菊花的幽香。

销魂：形容心情极度忧愁、悲伤。

帘卷西风：秋风吹卷着帘子。

黄花：指菊花。

【译文】

这天气从早到晚都是薄雾浓云，金兽香炉里的龙脑香即将燃尽。又是一年重阳佳节，躺在纱帐里枕在玉枕上，半夜寒气浸透了全身。

东篱边饮酒到了黄昏后，染得清香满袖。不要说这秋天不让人断肠销魂，秋风袭来，吹动了珠帘，人儿和那黄花一样消瘦。

【讲解】

这首词将李清照重阳佳节思念丈夫的孤独和寂寞，描写得淋漓尽致。清谭莹《古今词辩》评：绿肥红瘦语嫣然，人比黄花更可怜。若并诗中论位置，易安居士李青莲。

21. 好事近·风定落花深

风定落花深，帘外拥红堆雪。长记海棠开后，正伤春时节。

酒阑歌罢玉尊空，青缸暗明灭。魂梦不堪幽怨，更一声啼鴂。

【注释】

风定：风停。

深：深厚。

拥红堆雪：凋落的红白花瓣成堆状。

玉尊：即“玉樽”，泛指精美贵重的酒杯。

青缸：青灯，油灯。

暗明灭：忽明忽暗，最终熄灭。

魂梦：指梦中人的心神而言。

鴂（jué）：出自《楚辞·离骚》：“恐鹈鴂之先鸣兮，使夫百草为之不芳。”鸟名，是在暮春时节啼叫的鸟，叫声很悲切。

【译文】

风停歇了，庭院里落花满地。帘幕之外，凋落的白色花瓣堆积如雪，落红拥簇在一起。记得海棠花开过后，正是伤春的时节。

酒尽杯空，歌声也停了。只有青灯忽明忽暗，直到熄灭。梦中的幽怨让人难以承受，几乎断肠，一声鹈鴂鸣叫传来，这哀伤更浓烈了。

【辑评】

孙崇恩《李清照诗词选》：有人说此词是李清照前期的伤春思夫之作，有人说为李清照于赵明诚死后的思国怀乡之作。从全词来看，这首词上阕描写暮春傍晚室外景象和伤春之情，下阕描写夜晚室内情景和孤凄之怀。寓情于景，含意深微，委婉有致，情辞凄怨……李清照前期的词作，抒写的多为惜春惜花，离愁别恨，孤苦寂寞，怀人念远的相思和孤苦之情，不像这首词所写的风定花落，拥红堆雪，景象凄惨。又“长记海棠开后，正伤春时节”，想想过去，看看现在，词人已自感慨万千，更不像这首词酒阑人散，孤灯孤影，魂梦幽怨，鹈鴂悲鸣，凄苦不堪。此词所表现的当是女词人在丈夫死后的孤苦难堪和对家国之恨的凄怨。

22. 诉衷情·夜来沉醉卸妆迟

夜来沉醉卸妆迟，梅萼插残枝。酒醒熏破春睡，梦远不成归。

人悄悄，月依依，翠帘垂。更挼残蕊，更捻馀香，更得些时。

【注释】

梅萼：代指梅花。

悄悄：寂静无声息。

依依：依依不舍。

挼：用手揉搓。

捻：比“挼”更深地揉捻。

【译文】

夜里喝得大醉回到房间，没有卸妆，就沉睡过去。头上插着的梅花已经凋谢残零。渐渐酒醒，这残梅的幽香将被子都熏香了，熏断了美好的春梦，梦回遥远故乡的愿望又无法实现了。

夜深人静，寂静无声，月亮依依不舍在夜空逗留，翠帘低垂。无法再入睡，只能随手摘下头上残蕊，百无聊赖地揉搓着，更是捻出阵阵余香，等待着天亮。

【辑评】

况周颐《〈漱玉词〉笺》：玉梅词隐云《漱玉词》屡用叠字，“寻寻觅觅，冷冷清清，凄凄惨惨戚戚”，最为奇创。又“庭院深深深几许”，又“更挼残蕊，更捻馀香，更得些时”，又“此情此恨，此际拟托行云，问东君”。又“旧时天气旧时衣，只有情怀不似旧家时”，叠法各异，每叠必佳，皆是天籁肆口而成，非作意为之也。欧阳文忠《蝶恋花》“庭院深深”一阕，柔情回肠，寄艳醉魄。非文忠不能作，非易安不许爱。

23. 行香子·草际鸣蛩

草际鸣蛩，惊落梧桐，正人间天上愁浓。云阶月地，关锁千重，纵浮槎来，浮槎去，不相逢。星桥鹊驾，经年才见，想离情别恨难穷。牵牛织女，莫是离中。甚霎儿晴，霎儿雨，霎儿风。

【注释】

蛩（qióng）：古书中常指蟋蟀。

云阶月地：以云为阶，以月为地，指天宫。

浮槎：指古代传说中来往于海上和天河之间的木筏，晋张华《博物志》：旧说天河与海通。近世有人居海渚者，每年八月有浮槎去来，不失期，人有奇志，立飞阁于槎上，多赍粮、乘槎而去。十余日中犹观星月日辰，自后茫茫忽忽亦不觉尽夜。去十余月，奄至一处，有城郭状，屋舍甚严。遥望宫中有织妇，见一丈夫牵牛渚次饮之。牵牛人乃惊问曰：“何由至此？”此人为说来意，并问此是何处，答云：“君还至蜀都，访严君平，则知之。”竟不上岸，因还如期。后至蜀，问君平，君平曰：“某年某月，有客星犯牵牛宿。”计年月，正此人到天河时也。

星桥鹊驾：传说七夕牛郎织女在天河相会时，喜鹊会搭桥，称为“鹊桥”，又称为“星桥”。

甚：此处有“正”的意思。

霎儿：一会儿。

【译文】

蟋蟀在草丛里鸣叫着，似乎惊落了梧桐叶落纷纷，现在正是天上人间都愁伤的季节。那遥远的天宫以月为地，以云为阶。中间阻隔了千重关锁，即使乘槎去到天上，又乘槎回来，也不能相逢。

银河鹊桥，牛郎织女一年才见一次，猜想这离别之情，定是恨意无穷尽。这天气正是一会儿晴天，一会儿下雨，一会儿刮风，阴晴不定，莫不是牛郎、织女又在离别中了吧！

牛郎织女尚能一年见上一次，可人间的恩爱夫妻，还在两地别离中，更是孤寂凄凉。

【辑评】

况周颐《〈漱玉词〉笺》：《问蘧庐随笔》云，辛稼轩《三山作》“放霎时阴，霎时雨，霎时晴。”脱胎易安语也。

24. 念奴娇·萧条庭院

萧条庭院，又斜风细雨、重门须闭。宠柳娇花寒食近，种种恼人天气。险韵诗成，扶头酒醒，别是闲滋味。征鸿过尽、万千心事难寄。

楼上几日春寒，帘垂四面，玉栏干慵倚。被冷香消新梦觉，不许愁人不起。清露晨流，新桐初引，多少游春意。日高烟敛，更看今日晴未。

【注释】

险韵诗：以生僻而又难押之字押韵的诗。形容其难押韵也。

扶头酒：易使人醉之酒。一说“扶头”为酒名。

征鸿：征雁，飞鸿。

玉阑干：栏杆的美称。

香消：香炉中的香已烧尽。

烟敛：烟收。指的像烟一样的云气雾气。

晴未：天气晴了否？表示询问。

【译文】

萧条凄凉的庭院，又是斜风细雨的天气，层层院门紧紧关闭。娇花即将绽放，嫩柳渐染绿意，寒食节即将临近，尽是种种令人烦恼的天气。险韵诗句已写成篇，也已经从沉醉中醒来，别有一番闲愁在心头。归来的大雁飞过，心中的万千心事却难以寄托。

近几日楼上春寒料峭，帘幕全部低垂下来。甚至懒得倚靠在玉栏杆上。锦被如此冰冷，熏香也已燃尽。刚刚从梦中醒来，愁绪万千的我不得不起来。清晨的露珠流动，新发出的梧桐叶子嫩绿，多少游春的意境就在眼前。太阳高高升起，晨雾消散不见，再看看今天是不是晴天好天气。

【讲解】

文中“征鸿过尽，万千心事难寄”，写出了愁绪的源头：丈夫远行，相思之情却无法捎寄，离情别绪在这春寒节气里油然而生。

【辑评】

杨慎《草堂诗馀》：情景兼至，名媛中自是第一。（“被冷”二句）二语绝似六朝……填词虽于文为末，而非自《选》诗、乐府来，亦不能入妙。李易安词“清露晨流，新桐初引”，乃全用《世说》语。女流有此，在男子亦秦、周之流也。

李攀龙《草堂诗馀隽》：心事有万千，岂征鸿可寄？“新梦”不知梦何事？心事托之新梦，言有寄而情无方。玩之自有意味。上是心事，难以言传，下是新梦，可以意会。

王世贞《弇州山人词评》：易安又有“宠柳娇花寒食近，种种恼人天气”，“宠柳娇花”，新丽之甚。

沈际飞《草堂诗馀正集》：真声也。不效颦于汉魏，不学步于盛唐，应情而发，能通于人。有首尾。“宠柳娇花”，又是易安奇句。后人窃其影，似犹惊目。

王士禛《花草蒙拾》：前辈谓史梅溪之句法，吴梦窗之字面，固是确论，尤须雕组而不失天然。如“绿肥红瘦”、“宠柳娇花”，人工天巧，可称绝唱。

癸未春三月
伯年任颐写于沪上

25. 武陵春·风住尘香花已尽

风住尘香花已尽，日晚倦梳头。物是人非事事休，欲语泪先流。

闻说双溪春尚好，也拟泛轻舟。只恐双溪舴艋舟，载不动、许多愁。

【注释】

尘香：尘土沾染了花的香气。

双溪：水名，在浙江金华，是唐宋时有名的风光佳丽的游览胜地。有东港、南港两水汇于金华城南，故曰“双溪”。

拟：准备，打算。

舴艋舟：小舟，像蚱蜢形状的小船。

【译文】

风停了花朵也已经落尽，尘土沾染了花香。日色已高，却仍无心梳洗打扮。物是人非，万事皆休，还未说话，已经泪流满面。

听说双溪的春色还不错，我也打算去那里划划船。怕只怕双溪那单薄的小船，载不动我内心沉重的忧愁啊！

【辑评】

李攀龙《草堂诗余隽》：未语先泪，此怨莫能载矣。景物尚如旧，人情不似初。言之于邑，不觉泪下。

王士禛《花草蒙拾》："载不动、许多愁"与"载取暮愁归去"、"只载一船离恨，向西州"，正可互观。"八桨别离船，驾起一天烦恼"，不免径露矣。

陈廷焯《白雨斋词话》：易安《武陵春》后半阕云："闻说双溪春尚好……载不动、许多愁。"又凄婉、又劲直。观此，益信易安无再适张汝舟事。即风人"岂不尔思，畏人之多言"意也。投綦公一启，后人伪撰，以诬易安耳。

26. 声声慢 · 寻寻觅觅

寻寻觅觅，冷冷清清，凄凄惨惨戚戚。乍暖还寒时候，最难将息。三杯两盏淡酒，怎敌他、晓来风急。雁过也，正伤心，却是旧时相识。满地黄花堆积，憔悴损，如今有谁堪摘。守着窗儿，独自怎生得黑。梧桐更兼细雨，到黄昏、点点滴滴。这次第，怎一个、愁字了得！

【注释】

凄凄惨惨戚戚：忧愁凄惨的样子。

乍暖还寒：指天气忽冷忽热。

将息：休息，修养。

怎敌他：怎么抵挡。

损：表示程度非常高。

堪：可。

怎生：怎样，生为语助词。

梧桐更兼细雨：暗用白居易《长恨歌》“秋雨梧桐叶落时”诗意。

这次第：这光景、这情形。

【译文】

苦苦寻觅等待，却只有冷冷清清，凄凄惨惨。乍暖还寒的时节，是最难调养生息的。饮两三杯淡酒怎能抵御傍晚急促的寒风。大雁飞过，正伤心的，却是原来旧日相识。

园中菊花凋谢堆积在地上，憔悴损破，如今还有谁会来采摘。孤独地守着窗子，独自一人怎么才能熬到天黑。凄凄细雨打在梧桐叶上，到黄昏时分，这雨还是点点滴滴地下着。这情景，怎是一个愁字可以说得清的？

【辑评】

杨慎《词品》卷二：宋人中填词，李易安亦称冠绝。使在衣冠，当与秦七、黄九争雄，不独雄于闺阁也。其词名《漱玉集》，寻之未得。《声声慢》一词，最为婉妙。其词云（略）……山谷所谓以故为新，以俗为雅者，易安先得之矣。

周济《宋四家词选·序论》：双声叠韵字要著意布置。有宜双不宜叠，宜叠不宜双处。重字则既双且叠，尤宜斟酌。如李易安之“凄凄惨惨戚戚”，三叠韵、六双声，是锻炼出来，非偶然拈得也。

陈廷焯《白雨斋词话》卷二：易安《声声慢》一阕，连下十四叠字，张正夫叹为公孙大娘舞剑手。且谓本朝非无能词之士，未曾有一下十四叠字者。然此不过奇笔耳，并非高调。张氏赏之，所见亦浅……此论甚陋。十四叠字，不过造语奇隽耳，词境深浅，殊不在此。执是以论词，不免魔障。又《云韶集》卷十：叠字体，后人效之者甚多，且有增至二十馀叠者。才气虽佳，终著痕迹，视易安风格远矣。“黑”字警。后幅一片神行，愈唱愈妙。

俞平伯《唐宋词选释》：“晓来”，各本多作“晚来”，殆因下文“黄昏”云云。其实词写一整天，非一晚的事。若云“晚来风急”，则反而重复。上文“三杯两盏淡酒”是早酒，即……《念奴娇》词所谓“扶头酒醒”；下文“雁过也”，即彼词“征鸿过尽”。今从《草堂诗馀》别集、《词综》、张氏《词选》等各本，作“晓来”。

刘乃昌《宋词三百首新编》：全篇字字写愁，层层写愁，却不露一“愁”字，末尾始画龙点睛，以“愁”归结，而又谓“愁”不足以概括个人处境，推进一层，愁情之重，实无法估量。全词语言家常，感受细腻，形容尽致，讲究声情，巧用叠字，更以舌齿音交加更替，传达幽咽凄楚情悰，肠断心碎，满纸呜咽，撼人心弦。无怪古人誉为“千古创格”，“绝世奇文”（《冷庐杂识》卷五）。

27. 添字丑奴儿·窗前谁种芭蕉树

窗前谁种芭蕉树，阴满中庭。阴满中庭，叶叶心心、舒卷有馀清。
伤心枕上三更雨，点滴霖霪。点滴霖霪，愁损北人，不惯起来听。

【注释】

中庭：庭院。

霖霪：雨过三日为霖，久雨为霪。这里指雨声不断。

北人：南渡之人，这里自指。

【译文】

不知道是谁在窗前种下的芭蕉树，绿荫遮盖了整个庭院。芭蕉叶的叶片和叶心舒展有序，依偎缠绵在一起。

伤心地躺在枕头上无法入眠，三更天时外面下起了雨，点点滴滴凄清悲凉，不停地敲打着芭蕉叶。这雨声不断侵扰着内心的愁思，听不惯，只能披上衣服起床。

【讲解】

芭蕉本是南方植物，李清照这个南渡的“北人”自是听不惯，触景生情，流落异乡的孤独愁苦，凄凉之感顿生。

【辑评】

孙崇恩《李清照诗词选》：这当是李清照南渡后抒发思乡忧国之情的词作。上阕描写白天庭院中的芭蕉。首句奇突一问，似无意，接着描写蕉叶形态宛若含情。叠句“阴满中庭”夸芭蕉枝叶繁茂，衬托环境幽暗；“叶叶心心”句赞芭蕉叶展心舒，含无限眷恋之情。下阕笔锋转折，描写夜深枕上闻雨声的情景。换头句写愁人在床上辗转反侧，枕上听雨；叠句“点滴霖霪”写夜雨淅沥，烘托心绪凄凉。结句点明题旨，突出了深沉的忧国怀乡之情。全词咏物抒怀，运笔轻灵，语意隽永，婉转有致，情意深切。

28. 摊破浣溪沙·病起萧萧两鬓华

病起萧萧两鬓华，卧看残月上窗纱。豆蔻连梢煎熟水，莫分茶。

枕上诗书闲处好，门前风景雨来佳。终日向人多酝藉，木犀花。

【注释】

摊破浣溪沙：词牌名，一名《山花子》。实为《浣溪沙》之别体，不过上下片各增三字，移其韵于结句而已。双调，四十八字，上片四句三平韵，下片四句两平韵。又因南唐李璟词“菡萏香销”之下片“细雨梦回”两句颇有名，故又有《南唐浣溪沙》之称。

萧萧：形容鬓发白疏。

豆蔻：药物名，其性能行气、化湿、温中、和胃。

熟水：宋人常用饮料之一，当时的一种药用饮料。

酝藉：宽和有涵容。

木犀花：桂花的学名。

【译文】

两鬓本已经稀疏，病后又新添了白发，卧在床上看清冷的残月照在窗纱上。将豆蔻煎成熟水服下，不需要分茶。

靠在枕上读着诗书，如此闲适自在，门前的风景在雨中更加美丽动人。整日陪伴我的，是那深沉含蓄的桂花。

【辑评】

俞平伯《唐宋词选释》：……写病后光景恰好。说月又说雨，总非一日的事情。

周笃文《〈摊破浣溪沙〉试析》：这是一首病后遣怀之作，却写得从容暇豫，自然淡泊，没有一点蹙额锁眉之苦态。在漱玉后期作品中，可谓别具一格……一个“佳”字尤能传出女诗人的安慰与欣喜，反映出主人公静观自得的乐趣与风人的高致……

29. 清平乐・年年雪里

年年雪里，常插梅花醉。挼尽梅花无好意，赢得满衣清泪。
今年海角天涯，萧萧两鬓生华。看取晚来风势，故应难看梅花。

【注释】

无好意：没有好心情。

赢得：落得。

海角天涯：形容遥远的地方，这里当指临安城。

萧萧两鬓生华：形容鬓发花白稀疏的样子。

故应：所以。

【译文】

以前每年下雪，我常常会沉醉在插梅花的乐趣里。如今手揉搓着梅花，却再也没有好心情，只落得泪水沾满了衣裳。

今年我一个人住在如此偏远的地方，头发稀疏两鬓已经生了白发。看这晚来的风势，大概也难看到梅花开放的盛景了。

【讲解】

这里的风势既是大自然的风势，也是政治的“风势”，国难当头，孤苦飘零，虽是赏梅，心思却全不在梅花上了。

【辑评】

孙崇恩《李清照诗词选》：这首词可能是李清照南渡后漂泊流离中所作。全面分析这首词，上片起首“年年”两句是写女词人南渡前许多岁月的生活情景，一个“醉”字最能说明她前期爱梅赏梅的美好情意；接着“挼尽”两句则是写女词人南渡后的生活情景，“清泪”二字最好地说明了她南渡后悲苦凄凉的心情。很清楚，从内容分析，上片托今忆昔，表现了她南渡前后的不同时期不同生活情景；从艺术分析，是一种对比形式。下片“今年”句，无论从内容还是从形式来看，虽与上片“年年”是明显的对比，但仔细深入地分析，这里却又不仅仅是对比，而是深入一层，达到层层对比，层层深入，而且突出了“今年海角天涯，萧萧两鬓生华”与以往任何时候都更加不同。故而结尾“看取”两句既说明风势很大，又暗喻国势危急，从而集中有力地表现了女词人南渡后的飘零之苦、家国之忧。这也正是此词的主旨及用力之所在。

30. 点绛唇·寂寞深闺

寂寞深闺，柔肠一寸愁千缕。惜春春去，几点催花雨。
倚遍阑干，只是无情绪。人何处，连天芳草，望断归来路。

【注释】

催花雨：指春雨。

人何处：思念的人在哪里。

【译文】

深闺里寂寞无边，这一寸的柔肠却有着千丝万缕的愁绪。珍惜春天，春天会很快流逝，淅淅沥沥的春雨催促着落花，加速了春天离去的脚步。

倚遍了每一处栏杆，望遍了每一处风景，怎奈也是没有好心情。那想念的人，你在何处？眼前只有一望无际的连天芳草，望断了归来的路，也是空等待。

【辑评】

黄河清《草堂诗馀续集·序》：夫词体纤弱，壮夫不为。独惜篇什寂寥，彼歌《金缕》、唱《柳枝》者，其声宛转易穷耳。所刻《续集》中如李后主之“秋闺”，李易安之“闺思”，晏叔原之“春景”，萧竹屋之“纪梦”、“怀旧”，周美成之“春情”……以此数阕，授一小青蛾，拨银筝，倚绿窗，作曼声，则绕梁遏云，亦足令多情人魂销也。

陈廷焯《云韶集》卷十评：情词并胜，神韵悠然。

31. 庆清朝・禁幄低张

禁幄低张，彤阑巧护，就中独占残春。容华淡伫，绰约俱见天真。待得群花过后，一番风露晓妆新。妖娆艳态，妒风笑月，长殢东君。
东城边、南陌上，正日烘池馆，竞走香轮。绮筵散日，谁人可继芳尘。更好明光宫殿。几枝先近日边匀。金尊倒，拚了尽烛，不管黄昏。

【注释】

禁幄低张：帐幕低垂的意思。
彤阑：朱栏，红色的栏杆。阑，同“栏”。
容华：容貌。
淡伫：淡雅挺立。伫：久立。
绰约：姿态柔美。
天真：天然，自然。
殢（tì）：滞留，停留。
绮筵：豪华而丰盛的酒席。
明光宫殿：汉代宫殿名，包括明光宫和明光殿。
日边：太阳的旁边。这里比喻在皇帝身边。

【译文】

宫禁中的帷幕低垂张开，红色的栏杆精巧地围护着，围在中间的花朵独自占尽了残春的风光。这花淡雅挺立，姿态柔美，天然不做作。等到百花纷纷开过之后，经历了风露洗礼的花朵，如晓妆初成的美人般动人。它姿态妖娆妩媚，惹得春风嫉妒，引来春月微笑，将春天长久地留住。

东城边上，南陌等地，正是日光容易照到的地方，每日踏春赏花的车马川流不息。豪华而丰盛的酒席结束之后，又有什么花可以继续散发着芳香。更好的是明光宫苑内，有几枝早日向阳的花朵正在绽放。筵席之上狂饮尽欢，蜡烛还未燃尽，喝得杯盘狼藉，管他是不是黄昏。

【辑评】

黄墨谷《重辑李清照集》：此词各本无题，细玩词意，有“就中独占残春”，乃咏芍药之作。苏东坡诗：“一声啼鴂画楼东，魏紫姚黄扫地空。多谢化工怜寂寞，尚留芍药殿春风。”

32. 满庭芳·小阁藏春

小阁藏春，闲窗锁昼，画堂无限深幽。篆香烧尽，日影下帘钩。手种江梅渐好，又何必、临水登楼。无人到，寂寥浑似，何逊在扬州。

从来，知韵胜，难堪雨藉，不耐风揉。更谁家横笛，吹动浓愁。莫恨香消雪减，须信道、扫迹情留。难言处，良宵淡月，疏影尚风流。

【注释】

篆香：犹盘香，唐宋时将香料做成篆文形状，点其一端，依香上的篆形印记，烧尽计时。

临水登楼：语出王粲《登楼赋》"登兹楼以四望兮，聊暇日以销忧"之句。

浑似：完全相似。

何逊在扬州：南朝梁诗人，语出杜甫《和裴迪登蜀州东亭送客逢早梅相忆见寄》"东阁官梅动诗兴，还如何逊在扬州"之句。

韵胜：优雅美好。

难堪雨藉：难以承受风雨狼藉。

横笛：汉横吹曲中有《梅花落》。

【译文】

楼阁上像藏了春天，闲窗将白昼锁在了外面，画堂里无限深幽。篆香烧尽了，日影移上了帘钩。自己亲手种的江梅更加美好，又何必一定要去水边登楼玩赏呢。没有人来访，独自面对盛开的梅花，这寂寥就如当年何逊在扬州对花感伤。

梅花向来神韵姣好，但也难以禁受风雨的狼藉摧残。又是谁家吹起横笛曲《梅花落》，吹动了内心涌动的浓愁。不要怨恨暗香消失，花落如雪，要相信，虽然梅迹容易消失，其情意却仍旧在。我有太多话难以说出口，良辰美景，淡月照耀着梅花，投下稀疏的花影，仍能看出梅花的俊俏风流。

【辑评】

孙崇恩《李清照诗词选》：上阕写人。“小阁藏春”以下五句，描写深暗环境，接着“手种江梅更好”两句，抒赏梅之情；“无人到”三句，发寂寞之感。这一阕由闺房而庭院，由赏梅人的环境而抒怀，婉而有致，宕而有序。下阕咏梅。先言梅花“韵胜”，接着笔势急转，写梅花“难堪雨藉，不耐风揉”，怨恨冷风凄雨对梅花的摧残，蕴含爱梅惜梅之情；“莫恨”、“须信道”、“难言处”五句，咏叹梅花孤高不俗、潇洒不羁的风度。这一阕由爱梅、惜梅而咏梅，层层转折，跌宕生姿。全词赏梅亦自赏，咏梅亦自咏，表现了女词人坚贞不屈、鄙弃庸俗的胸怀。

33. 孤雁儿·藤床纸帐朝眠起

藤床纸帐朝眠起，说不尽、无佳思。沉香断续玉炉寒，伴我情怀如水。笛声三弄，梅心惊破，多少春情意。

小风疏雨萧萧地，又催下、千行泪。吹箫人去玉楼空，肠断与谁同倚。一枝折得，人间天上，没个人堪寄。

【注释】

藤床：藤条制的床。

纸帐：用藤皮茧纸缝制成的帐子，帐上常绘有梅花。

佳思：好情绪。

三弄：即《梅花三弄》，古代笛曲名，或称《梅花引》。

梅心惊破：听到笛声而伤心。

春情意：指夫妻情意深厚。

吹箫人去玉楼空：《列仙传》："萧史者，秦穆公时人也，善吹箫，能致孔雀、白鹤于庭。穆公有女字弄玉，好之。公遂以女妻焉。"此言其夫赵明诚去世。

肠断：哀伤悲痛到极点。

【译文】

清晨在藤床纸帐中醒来起床，有一种说不尽的失落心情在心头。陪伴我的只有香炉里断断续续的沉香和冰寒的玉炉，情绪如水般凄凉。《梅花三弄》的笛曲吹开了枝头的梅花，吹来了多少春情浓意。

外面风吹雨打，雨潇潇地下个不停，又勾起了伤心事，泪落千行。丈夫逝去，人去楼空，悲伤欲断肠也没有人可以依偎。折下一枝梅花，寻遍人间天上，也没有人可以寄赠。

【辑评】

黄墨谷《重辑李清照集·漱玉词卷三》：此词从王半塘《漱玉词》本《历代诗徐》调名《御街行》、《梅苑》、《花草粹编》并作《孤雁儿》、《梅苑》附有序文：“世人作梅词，下笔便俗，予试作一篇，乃知前言不妄耳。”按此词乃悼亡之词，序文与原意无涉，且清照咏梅之作颇多，所云试作一篇，亦不合，因不录序。

罗敏中曾评：这是一首悼亡词。其时赵明诚已逝世几年，李清照痛定思痛，哀感转为深沉涵蕴，哀思绵绵不绝，任何一件细小的事物都可以勾起她对亡人的怀念。

34. 渔家傲·雪里已知春信至

雪里已知春信至，寒梅点缀琼枝腻。香脸半开娇旖旎。当庭际、玉人浴出新妆洗。
造化可能偏有意，故教明月玲珑地。共赏金尊沉绿蚁，莫辞醉、此花不与群花比。

【注释】

春信：春天的音信。

琼枝：梅花花枝雪白。

腻：肥。

香脸：脸颊上有脂粉味的意思。这里指梅花半开。

旖旎：姿态柔美。

玉人：代指梅花。

造化：自然。

金尊：华丽的酒杯。

绿蚁：古代新酿制的酒面泛起的泡沫称为“绿蚁”；常代指新酿制的酒。

【译文】

雪里已经感受到了春天的信息，寒梅点缀着覆盖着冰雪的梅枝，梅花丰腴动人。梅花半开的姿态如此娇美，如庭院里刚刚出浴的美人化了新妆。

自然界可能也有自己的偏爱，所以让这明月如此玲珑皎洁，映衬着月下的梅花。如此良辰美景，让我们一起赏花品酒，不醉不归。这梅花，才不屑与寻常的群花争艳呢。

【讲解】

此词李清照咏梅，实则在咏自己，以高傲、冰清玉洁的梅花来自喻。

【辑评】

杨恩成《读〈渔家傲〉》：李清照认为，词不仅要“主情致”，而且要表现出“妍丽丰逸”的“富贵态”。这首咏梅词，可以说充分地体现了她的这种主张。她从一个贵妇人的立场、情趣出发，体物言情，无不带着一种优裕、高雅的情趣，既贴切地描绘出“庭际”梅花的状貌，又把自己高雅、悠娴的志趣，倾注入梅花，不即不离、情景相因，托兴深远。同时，作者又用“雪”、“月”作背景，成功地映衬出梅花的高洁与孤傲的品格。形神俱似，体物超妙。

35. 蝶恋花・永夜恹恹欢意少

永夜恹恹欢意少。空梦长安，认取长安道。为报今年春色好。花光月影宜相照。

随意杯盘虽草草。酒美梅酸，恰称人怀抱。醉莫插花花莫笑。可怜春似人将老。

【注释】

永夜：长夜。

恹恹：精神不振。

空：徒然。

长安：原为汉唐故都，这里代指北宋都城汴京。

认取：记得。

报：答谢。

杯盘：指酒食。

草草：简单的。

梅酸：代指菜肴可口，梅为古代所必需的调味品。

称：合适。

怀抱：心意，情意。

【译文】

长夜漫漫心情郁郁寡欢，夜里辗转反侧，梦见汴京，认出了熟悉的京都街道。为了报答今年如此好的春色，花儿和月影也相互映照。

随意准备了筵席，菜虽简单，酒却美味，梅也酸得可口，一切都称心如意。醉酒后将花插在头上，花儿你不要嘲笑我，可怜这春天也像人一样就要老去了。

【讲解】

春将逝，人要老，故国已丧，家乡不再，物是人非，美酒佳肴也不能抚慰作者内心的苦楚了。

任頤伯年寫於海上

36. 玉楼春·红酥肯放琼苞碎

红酥肯放琼苞碎，探著南枝开遍未。不知酝藉几多香，但见包藏无限意。
道人憔悴春窗底，闷损阑干愁不倚。要来小酌便来休，未必明朝风不起。

【注释】

红酥：色泽滋润的红梅。
琼苞：如玉的梅蕊。
南枝：向南、向阳的梅枝。
道人：得道之人，或者云僧。这里是作者自称。
小酌：随意小饮。
休：语助词，含有“呵”的意思。

【译文】

梅花宛如红色凝脂，如玉的花苞细碎挂在枝头。南枝上的花朵尚未开遍。不知道含蓄地藏了多少幽香，包藏着无限的好风光。

春日窗下，人儿憔悴，愁闷断肠，连栏杆都懒得去倚靠。想要小酌一杯便来吧，明天如果起了风，这梅花也赏不成了。

【讲解】

这首词咏梅，梅花高洁的品性正好与李清照脱俗的情操相似，将梅花当作知己，委婉地表现了她爱梅惜梅，以及伤春的情怀。

【辑评】

朱彝尊《静志居诗话》卷十八：咏物诗最难工，而梅尤不易……李易安词："要来小酌便来休，未必明朝风不起。"皆得此花之神。

37. 永遇乐·落日熔金

落日熔金，暮云合璧，人在何处。染柳烟浓，吹梅笛怨，春意知几许。元宵佳节，融和天气，次第岂无风雨。来相召、香车宝马，谢他酒朋诗侣。

中州盛日，闺门多暇，记得偏重三五。铺翠冠儿，捻金雪柳，簇带争济楚。如今憔悴，风鬟霜鬓，怕见夜间出去。不如向，帘儿底下，听人笑语。

【注释】

吹梅笛怨：梅，指乐曲《梅花落》，用笛子吹奏此曲，其声哀怨。

次第：转眼。

香车宝马：这里指贵族妇女所乘坐的雕镂工致装饰华美的车驾。

中州：这里指北宋的都城汴京，今河南开封。

三五：正月十五日元宵节。

铺翠冠儿：以翠羽装饰的帽子。

捻金：捻金线为装饰物。

雪柳：宋代妇女在立春日和元宵节时插戴的一种绢或纸制成的头花。

簇带：聚集戴着的意思。

济楚：整齐、美丽。

风鬟霜鬓：头发不整理，鬓发已白。

【译文】

落日余晖像熔化的金子一样金光灿灿，暮色中云彩如日月合璧，我现在人究竟在何处。柳色浸染，烟雾浓郁，笛声奏出《梅花落》的怨曲，不知道春意还有多少？元宵佳节，和煦的天气，又怎知道不会骤起风雨？有人驾起宝马香车来邀请我参加诗酒筵席，我只能婉言拒绝。

汴京繁盛的岁月，闺中闲暇时光很多，记得特别重视正月十五，戴着翠羽装饰的帽子，用金线撵成的雪柳，头上装扮整齐，漂亮地出门去。如今容貌憔悴，乱发不整鬓发已白，夜间也懒得出去。倒不如守在帘儿底下，听听别人的欢声笑语。

【辑评】

张端义《贵耳集》卷上：易安居士李氏，赵明诚之妻。《金石录》亦笔削其间。南渡以来，常怀京洛旧事。晚年赋《元宵·永遇乐》词云“落日熔金，暮云合璧”，已自工致。至于“染柳烟轻，吹梅笛怨，春意知几许”，气象更好。后叠云：“如今憔悴，风鬟霜鬓，怕见夜间出去。”皆以寻常语度人音律。炼句精巧则易，平淡入调者难。

杨慎《词品》卷二：辛稼轩词“泛菊杯深，吹梅角暖”，盖用易安“染柳烟轻，吹梅笛怨”也。然稼轩改数字更工，不妨袭用。不然，岂盗狐白裘手邪？

38. 减字木兰花·卖花担上

卖花担上，买得一枝春欲放。泪染轻匀，犹带彤霞晓露痕。
怕郎猜道，奴面不如花面好。云鬓斜簪，徒要教郎比并看。

【注释】

一枝春欲放：一枝将要绽放的梅花。

泪：指形似眼泪的晶莹露珠。

奴：作者自称。

云鬓：形容鬓发多而美。

郎：在古代既是妇女对丈夫的称呼，也是对她所爱男子的称呼。

徒：只、但。

比并：对比。

【译文】

在卖花人的担子上，买得一枝春日里含苞待放的花。花上犹带着清晨的露珠，仿佛泪珠楚楚动人。

我怕郎君猜疑，认为我的容貌不如花美好。将花斜插在云鬓间，要让他比一比，到底哪个更漂亮。

【讲解】

这首词通过比花一事，将词人活泼可爱、爱美的姿态，以及好胜的脾性描写得淋漓尽致。全词生活气息浓郁，较为独特。

【辑评】

赵万里辑《漱玉词》：案汲古阁未刻本《漱玉词》收之，“染”作“点”，词意浅显，亦不似他作。

39. 忆秦娥·临高阁

临高阁。乱山平野烟光薄。烟光薄，栖鸦归后，暮天闻角。
断香残酒情怀恶。西风催衬梧桐落。梧桐落。又还秋色，又还寂寞。

【注释】

乱：混乱。

平野：空旷的原野。

烟光薄：烟雾淡薄。

栖鸦：指在树上栖息的乌鸦。

催衬：催促。“衬”，引申为帮衬。

梧桐落：在古典诗词中，桐死、桐落既可指妻妾的丧亡，亦可指丧夫。

【译文】

登上高高的楼阁，凌乱的山峰和空旷的原野，笼罩在淡薄的烟雾里，烟雾稀薄，树上乌鸦归巢后，夜晚听到传来的军中号角。

香火即将燃尽，酒也即将饮尽，心里情绪悲苦不堪，萧瑟的西风，催逼加快了梧桐的飘落。梧桐落，仍是衰败的秋日景色，仍是那么寂寞凄凉。

40. 鹧鸪天 · 暗淡轻黄体性柔

暗淡轻黄体性柔，情疏迹远只香留。何须浅碧轻红色，自是花中第一流。

梅定妒，菊应羞，画阑开处冠中秋。骚人可煞无情思，何事当年不见收。

【注释】

骚人：指屈原。

可煞：疑问词，犹可是。

情思：情意。

何事：为何。

【译文】

淡黄色的桂花颜色清淡，体态却柔美。她情意疏淡，在远迹不留意的地方，只留下香味。不需要具有浅碧轻红这些颜色，桂花已经是花中一流的了。

和桂花相比，梅花一定妒忌，菊花应当羞惭。桂花是秋天画栏里的百花之首。可惜屈原对桂花没有情意，《离骚》写了那么多花，为何不写桂花呢?

41. 瑞鹧鸪・双银杏

风韵雍容未甚都，尊前甘橘可为奴。谁怜流落江湖上，玉骨冰肌未肯枯。

谁教并蒂连枝摘，醉后明皇倚太真。居士擘开真有意，要吟风味两家新。

【注释】

银杏：即白果。

都：姣好。

甘橘可为奴：《三国志・吴志・孙休传》“丹阳太守李衡”裴松之注引《襄阳记》：衡每欲治家，妻辄不听，后密遣客十人于武陵龙阳汜洲上作宅，种甘橘千株。临死，敕儿曰：汝母恶我治家，故穷如是。然吾州里有千头木奴，不责汝衣食，岁上一匹绢，亦可足用耳。后遂以“橘奴”为橘树或橘子的别称。

玉骨冰肌：肌肤骨头都清冷。

太真：杨玉环。此句的意思是双银杏的并蒂相连，犹如唐明皇和杨贵妃倚倚靠靠亲密无间。

【译文】

银杏的风韵姿态看起来并不非常姣好，可酒樽前的柑橘，还是显得逊色。被摘下流落在江湖，有谁怜惜？高洁冰清的样子，仍旧不肯枯竭。

是谁将这并蒂连理果双双摘下？恰似那酒醉之后的唐明皇与太真贵妃两相依偎。居士亲手将连理果剥开，情真意切，两人惺惺相惜，一人一颗，共同品尝它醇香清新的风味。

【辑评】

赵万里云：“按虞、真二部，诗馀绝少通叶。”且谓此词“极似七言绝句，与《瑞鹧鸪》词体不合”。

语言学家刘征评此词：从风格来说确实不似易安居士之作。全词平淡，但也融合了词人独特的情感。

失调名三首

42. 失调名·条脱闲揎系五丝

条脱闲揎系五丝。

【注释】

条脱：古代环绕在双臂上的螺旋形臂饰，又称为臂钏、长命缕、续命缕、辟兵绘、五色丝、朱索。

揎（xuān）：捋袖子露出手臂。

【译文】

五色丝做成的条脱松松地系在露出的手臂上。

43. 失调名・瑞脑烟残

瑞脑烟残，沉香火冷。

【译文】

瑞脑香的烟气已经飘散了，沉香的烟火已经变冷。

柏如仁兄大人
屬寫
安淵圖
伯年任頤

44. 失调名・教我甚情怀

教我甚情怀。

【译文】

让我这样情意满怀。

【说明】

见于《花草粹编》卷二朱秋娘《采桑子》词集句，《彤管遗编》也有该句的记载，但并未注明出处。《花草粹编》所载则每句俱注有撰人，当别有所据。

按：《彤管遗编》云朱秋娘名希真，与宋词人朱敦儒之字希真相同。《彤管遗编》《古今女史》等所载朱希真（秋娘）词，又多见于朱敦儒《樵歌》。一部分词则又见于朱淑真《断肠词》。朱秋娘有无其人，颇成疑问。所集词句，未见可据。

存疑

词十六首

45. 怨王孙・梦断漏悄

梦断漏悄，愁浓酒恼。宝枕生寒，翠屏向晓。门外谁扫残红？夜来风。

玉箫声断人何处？春又去，忍把归期负。此情此恨此际，拟托行云，问东君。

【注释】

恼：烦恼。

宝枕：华美的枕头。

翠屏：翠绿色的屏风，一说用翠羽装饰的屏风。

向晓：拂晓。

残红：凋落的花瓣。

夜来风：昨夜的风。

忍：怎忍。

托：托付。

行云：流云。

【译文】

夜晚从梦里醒来，听到声漏悄悄的声音，愁绪更浓，酒让人更烦恼。枕头渐生寒意，清晨的光洒落在翠屏上。门外是谁打扫了凋落的花瓣？是昨夜的风。箫声已断，人又在何处？一年春天又过去了，你怎么忍心把这归期辜负。此情此恨此刻，只能将情思托付给行云，让它去问问东君了。

46. 怨王孙·帝里春晚

帝里春晚，重门深院。草绿阶前，暮天雁断。
楼上远信谁传？恨绵绵。
多情自是多沾惹。难拚舍，又是寒食也。秋千
巷陌，人静皎月初斜，浸梨花。

【注释】

帝里：帝京，京城。

暮天雁断：傍晚的时候，飞雁过尽。

远信：寄给远方的书信。

绵绵：绵延不断。

拚（pàn）舍：抛弃。

浸梨花：月光如水浸润着梨花。

【译文】

京城暮春时节，重门里庭院深深。台阶前的草绿了，傍晚时分，大雁也已经消失不见。楼上的我，寄给远方的信该由谁传送呢？此恨绵绵不断。

多情人，本就容易沾染这春愁，更何况到了寒食节，更是不能割舍。夜深人静，秋千静谧，巷陌已空，初斜的月光，浸润着梨花。

百鳥朝凰
光緒乙酉仲秋月
山陰任頤寫於滬城

47. 点绛唇·蹴罢秋千

蹴罢秋千，起来慵整纤纤手。露浓花瘦，薄汗轻衣透。
见客入来，袜刬金钗溜。和羞走，倚门回首，却把青梅嗅。

【注释】

蹴：本意踩、踏。

袜刬：没有穿鞋，穿着袜子行走。

溜：滑落的意思。

倚门回首：倚着门回头看。

【译文】

荡罢了秋千，起身懒得揉搓纤纤细手。瘦瘦的花朵上露珠滚滚，薄汗渗透了薄薄的罗衣。花园里忽然来了一位客人，她慌得只穿着袜子便急忙回避，头上的金钗也滑落下来。她含羞走开，倚着门回头看，装作在嗅着青梅的味道。

【辑评】

沈际飞《草堂诗馀续集》卷上：片时意态，淫夷万变。美人则然，纸上何遽能尔。

唐圭璋《读李清照词札记》：明杨慎《词林万选》卷四，误收李清照一首《点绛唇》词云（略）。据《花草粹编》卷一收此词乃无名氏作，非清照词，一且清照名门闺秀，少有诗名，亦不致不穿鞋而着袜行走。含羞迎笑，倚门回首，颇似市井妇女之行径，不类清照之为人，无名氏演韩偓诗，当有可能。

48. 生查子・年年玉镜台

年年玉镜台，梅蕊宫妆困。今岁未还家，怕见江南信。
酒从别后疏，泪向愁中尽。遥想楚云深，人远天涯近。

【注释】

镜台：古代女子带有镜子的梳妆台，是女子出嫁的必备嫁妆，如同妆奁。

宫妆：宫中女子的妆饰。

楚云：女子秀美的发髻如云。

【译文】

每一年都对着玉镜梳妆台，化上梅花宫妆，都已经厌倦了。至今还不见他回家，又怕江南传来的音信里有不好的消息。自从分别以后，我酒也喝得少了，整日在愁思中流泪。遥遥思念着心上人，他去的地方可比天涯还遥远！

49. 浪淘沙·帘外五更风

帘外五更风，吹梦无踪。画楼重上与谁同？记得玉钗斜拨火，宝篆成空。

回首紫金峰，雨润烟浓。一江春水醉醒中。留得罗襟前日泪，弹与征鸿。

【注释】

画楼：华丽的楼阁。

拨火：香燃尽成灰以后，拨弄香灰以免灭了火种。

宝篆：即篆香。

紫金峰：疑为紫金色山峰，非有此名。现在有紫金山，在今南京中山门外。

罗襟：罗襦的前襟。

弹：挥洒。

【译文】

五更时分帘外吹起了凄冷的风，将梦吹得没有踪影。想重新登上画楼却不知道该与谁一起。记得当年用玉钗拨弄香火，如今宝篆香也已经燃尽成空。

回首看紫金山峰，雨水滋润雾气萦绕，一江春水流去，人渐渐在醉后醒来。罗襦襟前还留着以前的泪水，挥洒掉眼泪将它们交付给远飞的大雁吧。

50. 青玉案·征鞍不见邯郸路

征鞍不见邯郸路，莫便匆匆去。秋风萧条何以度？明窗小酌、暗灯清话，最好留连处。

相逢各自伤迟暮。犹把新诗诵奇句。盐絮家风人所许。如今憔悴、但馀衰泪，一似黄梅雨。

【注释】

征鞍：代指征马，也指旅行者所乘的马。

邯郸路：也称为“邯郸道”，在今河北邯郸市。古人常用以比喻求取功名的道路；亦指仕途。

盐絮：出自《晋书·列女传·王凝之妻谢氏传》：“谢安侄女道韫，才思敏捷，尝居家遇雪，安曰：‘何所似也？’安兄子朗曰：‘撒盐空中差可拟。’道韫曰：‘未若柳絮因风起。’”谢安十分赞赏。后以“盐絮”指美好的诗句。

【译文】

征马奔走如此劳累，也看不见仕途的光明前景，你不要再匆匆离别而去了。秋天正是萧条的时候，我一个人该如何度过？明窗下我们对饮浅酌，夜晚灯光下闲聊话旧，这才是最让人留恋难舍的。

每一次相逢后，离别的时候我们都各自感伤，人已迟暮，不再年轻。你独自把我新写的诗词诵读，赞其为奇句佳作。作出美好的诗词，是咱们的家风，人人都赞许。如今我憔悴不堪，只剩下双泪横流，像绵绵不断的黄梅雨一样不曾停歇。

【说明】

此首《花草粹编》卷七、《历代诗馀》卷四十四、《词谱》卷一作李清照词。但唐圭璋、王学初、赵万里诸氏因拜经楼旧藏元刻初印本《翰墨大全》后丙集卷四未标作者姓名，疑非李词。

51. 丑奴儿・晚来一阵风兼雨

晚来一阵风兼雨，洗尽炎光。理罢笙簧，却对菱花淡淡妆。

绛绡缕薄冰肌莹，雪腻酥香。笑语檀郎，今夜纱橱枕簟凉。

【注释】

菱花：古代时候，日光照在铜镜上的光影如菱花，因名“菱花镜”。或为菱花形状的镜子，以及雕有菱花的纹路的铜镜。

檀郎：是西晋的潘岳，即潘安，姿仪秀美超群，小字为檀奴，后被人称为“檀郎”。这里的檀郎指夫婿。

【译文】

傍晚时分，一阵风吹带来了雨，洗尽了炎炎夏日的暑气。弹罢了笙簧，又对着菱花镜化起了薄薄的淡妆。

朱红色透明的薄衫下，冰雪般洁白晶莹的肌肤若隐若现，雪白丰润的身体酥软迷香。笑着对郎君娇羞地说：今天夜里的纱帐和凉席有点凉呢。

【讲解】

一曲《丑奴儿》，将酷夏中恩爱夫妻的生活描绘得生动有趣，在古代社会，女子如此大胆表达自己真实想法的诗词，实属罕见。

【说明】

此首《词林万选》卷四、《历代诗馀》卷十作李清照词。《花草粹编》卷二作康与之词。

52. 浣溪沙・髻子伤春慵更梳

髻子伤春慵更梳，晚风庭院落梅初。淡云来往月疏疏。

玉鸭薰炉闲瑞脑，朱樱斗帐掩流苏。遗犀还解辟寒无。

【注释】

玉鸭熏炉：玉质的鸭形香炉。

朱樱：帷帐的颜色，深红色。

斗帐：形状如覆斗的帐子，类似倒过来的漏斗。

流苏：帷帐周围垂下的穗儿，古代常由五色羽毛或彩线盘而制。

犀：指犀牛的角。

【译文】

被这伤春情绪折磨，连发髻都懒得梳理。庭院里晚风料峭，梅花已经开始飘落。夜空中飘着淡云，月亮若隐若现，洒下稀疏的月影。玉质鸭形香炉内瑞脑香已经燃尽，流苏掩盖着朱樱色的斗帐，遗犀能否消解这逼人的寒气和心里的凄凉？

【辑评】

沈际飞《草堂诗馀续集》卷上：话头好。渊然。

周济《介存斋论词杂著》：闺秀词惟清照最优，究苦无骨，存一篇尤清出者。

谭献《复堂词话》：易安居士独此篇有唐调，选家炉冶，遂标此奇。

53. 浪淘沙·素约小腰身

素约小腰身，不奈伤春。疏梅影下晚妆新。袅袅娉娉何样似？一缕轻云。
歌巧动朱唇，字字娇嗔。桃花深径一通津。怅望瑶台清夜月，还送归轮。

【注释】

素约：也作约素。一般用于形容女子腰肢细柔，宛如绢帛。束素、约素，谓圆也。

袅袅娉娉：形容姿态美好轻盈。

何样似：似什么样子。

桃花：在古代文化中有性的意思，也为外遇者的代名词。

瑶台：美玉砌成的楼台。

【译文】

轻盈柔美的纤细腰肢，禁不住伤春的时节，稀疏的梅花月影下，她重新梳妆打扮，美好的样子像什么呢？就像一缕轻盈的彩云。

她轻启朱唇，唱起了歌儿，每一个字都妩媚娇嗔。桃花深径一直通到了渡口。在清冷的夜晚，她惆怅地望着瑶台上的明月，还照耀着归来的车轮。

【说明】

此首《诗词杂俎》本《漱玉词》收之。《续草堂诗馀》卷上、《历代诗馀》卷二十六作李清照词。《花草粹编》卷五作赵子发词。

54. 殢人娇·玉瘦香浓

玉瘦香浓，檀深雪散。今年恨、探梅又晚。江楼楚馆，云闲水远。清昼永，凭阑翠帘低卷。

坐上客来，尊前酒满。歌声共、水流云断。南枝可插，更须频剪。莫直待西楼、数声羌管。

【注释】

玉瘦：比喻梅花的清秀姿态。

恨：遗憾。

探：观赏。

楚馆：楚地之馆，这里与妓院不同。

云闲水远：形容路途遥远。

“坐上”两句：《三国志·崔琰传》注引张璠《汉纪》：孔融“爱才乐士，常叹曰：‘坐上客常满，尊中酒不空，吾无忧矣。’”

羌管：即羌笛。羌管发出的声音凄凉悲切。

【译文】

梅枝虽然清瘦花香却很浓郁，雪消散的时候梅花已经是深红色。今年遗憾悔恨的是，又错过了赏梅的时节。江楼楚馆，路途遥远。白日如此漫长，倚栏向外望去，翠帘低卷。

筵席上有客来，杯中倒满美酒。歌声响起，你唱我和如行云流水。向阳早开的梅枝，更要多多采剪。人生得意与相聚之时需尽情欢畅，现在拥有的要好好珍惜，不要等失去的时候才追悔莫及！独上西楼，羌笛声响起，离愁可会铺天盖地而来。

【说明】

此首《花草粹编》卷七、《历代诗馀》卷四十三俱作李清照词。《梅苑》卷九未标作者姓名。

光緒戊子冬十一月吉日山陰任頤伯年寫於海上寓齋

55. 临江仙·庭院深深深几许

庭院深深深几许？云窗雾阁春迟。为谁憔悴损芳姿。夜来清梦好，应是发南枝。

玉瘦檀轻无限恨，南楼羌管休吹。浓香吹尽有谁知。暖风迟日也，别到杏花肥。

【注释】

玉瘦檀轻：梅花清瘦，红色浅淡。

檀：原为木名，此处指浅绛色。

迟日：春日。

肥：这里指盛开。

【译文】

庭院深深不知道有多深，云簇雾绕的楼阁，春天迟迟不来。为谁相思到容颜憔悴，夜晚梦中终才圆梦，向阳的梅枝也到了发芽的时候。

梅花清瘦，红色浅淡，南楼不要再吹奏那哀怨的羌笛了。浓香的梅花被吹尽有谁能知道？春日的暖风，不是又吹拂杏花开了吧。

【说明】

此首《花草粹编》卷七、《历代诗馀》卷三十八皆作李清照词。《梅苑》卷九作曾子宣妻（按即魏夫人）词。然《乐府雅词》魏夫人名下未收此词。

56. 浣溪沙 · 绣面芙蓉一笑开

绣面芙蓉一笑开，斜飞宝鸭衬香腮，眼波才动被人猜。

一面风情深有韵，半笺娇恨寄幽怀，月移花影约重来。

【注释】

绣面：形容女子面容姣美。

芙蓉：荷花，这里指面容如芙蓉花开。

宝鸭：鸭形的发饰或者形状为鸭形的宝钗。

眼波：眼光，眼神。

一面：脸上。

韵：味道。

笺：纸，信笺。

【译文】

面容姣好的少女，她的笑容如荷花盛开，斜坠的云鬓上宝鸭钗垂，映衬着雪白的香腮。少女眼波灵动引人猜想。

一脸的风情饱含着深韵，纸笺上写了一半，寄托自己娇恨和思念的情怀。月亮在天空移动，花的影子也随之变动，那时我们再幽会。

【辑评】

吴衡照《莲子居词话》：易安“眼波才动被人猜”，矜持得妙；淑真“娇痴不怕人猜”，放诞得妙；均善于言情。

吴虞奚评：李清照追求恋爱自由、婚姻自主。“绣面芙蓉一笑开，斜飞宝鸭衬香腮，眼波才动被人猜。一面风情深有韵，半笺娇恨寄幽怀，月移花影约重来”，充分表明了李清照的爱情态度。特别是下阕三句更体现出李清照的爱情勇气，令人惊叹。自由浪漫的爱情导致了李清照自主幸福的婚姻，这应是李清照以女权对抗男权的胜利，但这种胜利并没有真正走出封建婚姻讲究门当户对的囿限。

光緒戊子仲春吉日山陰任頤伯年甫

57. 摊破浣溪沙·揉破黄金万点轻

揉破黄金万点轻，剪成碧玉叶层层。风度精神如彦辅，太鲜明。
梅蕊重重何俗甚，丁香千结苦粗生。熏透愁人千里梦，却无情。

【注释】

彦辅：是指西晋名士乐广。乐广，字彦辅。据《晋书·刘隗传》载刘讷语："王夷甫太鲜明，乐彦辅我所敬。"

何俗甚：俗不可耐。

丁香千结：语出毛文锡《更漏子》词："庭下丁香千结。"

苦（读作古）粗生：张相《诗词曲语辞汇释》卷二谓："苦粗生，犹云太粗生，亦甚辞。"苦粗：不舒展的意思。苦：有嫌弃之意。

熏透：桂花香味太浓，熏透醒来。

【译文】

桂花如黄金揉破后化成万点金光闪闪，碧玉色的桂叶层层有如裁剪而成，其“风度精神”就像晋代名士乐广一样鲜明而神姿朗彻。

梅花重重叠叠的花蕊，俗不可耐。丁香花簇簇暗自拥结在一起，非常小气不舒展。桂花的浓香把我从归乡的梦中熏醒，实在是太无情了。

【辑评】

周振甫《〈摊破浣溪沙〉赏析》：这首词，上片是比喻，用了三个比喻，最后用人来比，显出对桂花的赞赏。这三个比喻有创造性。下片写桂花香，用梅花和丁香来比，起到过渡和陪衬作用。

58. 长寿乐·微寒应候

微寒应候。望日边六叶，阶蓂初秀。爱景欲挂扶桑，漏残银箭，杓回摇斗。庆高闳此际，掌上一颗明珠剖。有令容淑质，归逢佳偶。到如今，昼锦满堂贵胄。

荣耀，文步紫禁，一一金章绿绶。更值棠棣连阴，虎符熊轼，夹河分守。况青云咫尺，朝暮重入承明后。看彩衣争献，兰羞玉酎。祝千龄，借指松椿比寿。

【注释】

南昌：为过寿人的封号。

阶蓂：阶蓂即蓂荚。瑞草名，夹阶而生，故名。古代传说中的一种瑞草。它每月从初一至十五，每日结一荚；从十六至月终，每日落一荚。所以从荚数多少，可以知道是何日。

爱景：和煦的阳光。

扶桑：神木，日所出也。

漏残银箭：天即将破晓的意思。漏残，漏壶中的水将要滴尽。银箭，用在漏壶中刻有度数的标尺。

杓回摇斗：斗柄东回，预示春天。杓：北斗第五、六、七颗星的名称，又称斗柄、杓星。

高闳：高大的门，亦指显贵门第。

剖：出生。

归：出嫁。

昼锦：《史记·项羽本纪》作“衣绣夜行”。后遂称富贵还乡为“衣锦昼行”，省作“昼锦”。

紫禁：以紫微星垣比喻皇帝的居处，故称皇宫为紫禁。

棠棣连阴：意谓兄弟福荫相继不断。棠棣：指兄弟。

虎符：虎符是古代皇帝调兵遣将用的兵符，用青铜或者黄金做成伏虎形状的令牌，分为两半，其中一半交给将帅，另一半由皇帝保存。调兵时由使臣持符验合后才生效。

夹河分守：意谓寿主有二子皆为郡守。

青云：指高位。

朝暮：犹早晚。

承明：汉承明殿旁屋，侍臣值宿所居，称承明庐。

兰羞：佳肴。

玉酎：美酒。

松椿比寿：祝寿之辞。松椿：松树与椿树，古人认为最长寿的两种树。

【译文】

微寒的天气应和了节气，看太阳升起，台阶前的蓂荚刚刚长出六片叶子，今天是初六。冬天的太阳即将挂上扶桑树，漏声残，天即将破晓，春天就要到来。您恰逢此时出生在显赫的家庭，家里视您为掌上明珠。您姿态娇美、品德贤淑，嫁了一个难得的好夫婿。到如今，儿孙满堂荣归故里，都是达官贵人。

荣耀啊，家里人已经进入了紫禁殿，一个个身佩金印绿绶位列三公。更值得称赞的是您两个儿子，兄弟俩福荫不断，他们持虎符乘熊，皆为郡守。他们未来的仕途如上青云，高升为皇帝身边的大臣是早晚的事情。看他们穿着彩衣争相向您祝寿，献上美酒佳肴。祝贺您长命百岁，与松椿同寿。

【说明】

《长寿乐·南昌生日》是由著名的李清照研究学者王学初从《截江网》整理出来，词作者撰名为“易安夫人”，宋代女性词人以易安为号，又有如此高写词水准的唯李清照一人，但同时王学初也指出“未见宋人以‘易安夫人’称呼 李清照”，故把此词划为疑是李清照。

小邨仁兄大雅之属
光绪丙戌仲秋柏年写

59. 鹧鸪天・枝上流莺和泪闻

枝上流莺和泪闻，新啼痕间旧啼痕。一春鱼鸟无消息，千里关山劳梦魂。

无一语，对芳尊，安排肠断到黄昏。甫能炙得灯儿了，雨打梨花深闭门。

【注释】

流莺：即莺。流，形容莺鸣声婉转。

啼痕：泪痕。

消息：音信。

关山：关隘和山川。

芳尊：精致的酒器。

安排：听任自然的变化。

甫能：古代汉语，刚才的意思。

【译文】

枝头响起流莺的啼鸣，我泪流满面，新旧泪痕叠加在一起。整整一个春天没有他的任何音信，远在千里关山外，也只有梦里才能相见。

没有一句话，空对着精致的酒杯，准备就这样痛苦地熬到黄昏。夜里刚刚点上灯，窗外雨打梨花，闭紧了房门且听着度过漫漫长夜吧。

【辑评】

陈廷焯《白雨斋词话》：不经人力，自然合拍。

60. 青玉案·一年春事都来几

一年春事都来几？早过了、三之二。绿暗红嫣浑可事。绿杨庭院，暖风帘幕，有个人憔悴。

买花载酒长安市，又争似、家山见桃李。不枉东风吹客泪。相思难表，梦魂无据，惟有归来是。

【注释】

三之二：三分之二。

可事：愉悦的事情。

长安：这里指开封。

争似：怎似。

家山：家乡的山。指故乡。

不枉：不要冤枉、不怪。

【译文】

一年之中春色能有多少？现在早已过了三分之二。绿荫浓浓红花娇艳，全部是赏心悦目的事。绿柳庭院中暖风吹拂着帘幕，有个人正是憔悴模样。

长安市里买花载酒，又怎比得上在家中看桃李花开。不能怨恨这东风吹落了异乡人的眼泪。相思太难表达，梦里也没有依据，只有归来的时候才能真正地感受。

【说明】

此词仅汲古阁未刻词本《漱玉词》收为李清照词，明沈际飞本《草堂诗馀正集》注："一刻易安"，对此也是表示怀疑的，明代胡桂芳编《类编草堂诗馀》，黄蓼园《蓼园词选》等集均认为是欧阳修所作。

误题

词二十九首，失调名二则

61. 品令·零落残红

零落残红，恰浑似、胭脂色。一年春事，柳飞轻絮，笋添新竹。寂寞幽闺，坐对小园嫩绿。
登临未足，怅游子、归期促。他年魂梦，千里犹到，城阴溪曲。应有凌波，时为故人留目。

【注释】

凌波：指波涛，比喻美人步履轻盈。

留目：注目的意思。

【译文】

残红凋落，完全就是那胭脂的颜色。又是一年春日，柳絮纷飞，竹笋上又长出了新的竹子。坐在寂寞幽深的闺房里，望着小园里的嫩绿。

没有登高望远，惆怅游子还不归来，眼看归期近了。过去的梦境里，千里仍旧听到了城阴传来的溪曲。步履轻盈，走来走去，不停注目着故人是否归来。

【说明】

此首底本原校云："见汲古阁未刻本及《花草粹编》，一作曾公衮。"《花草粹编》卷七作李清照词，下注曾公衮。曾慥《乐府雅词》卷下亦作曾公衮词，但有异文，首二句全异。

62. 品令·急雨惊秋晓

急雨惊秋晓。今岁较、秋风早。一觞一咏，更须莫负、晚风残照。可惜莲花已谢，莲房尚小。

汀苹岸草。怎称得、人情好。有些言语，也待醉折，荷花向道。道与荷花，人比去年总老。

【注释】

觞：酒杯，酒器。

莲房：莲蓬。

汀苹：水中小洲长满苹草。

【译文】

骤雨声声惊扰了秋日的清晨。今年较往年秋风来得要早。夕阳晚风中，饮一觞酒，咏一首词，不要辜负了好时光。可惜莲花已经凋谢，莲蓬却未成熟。

汀苹岸草，怎懂得我的心绪，有些话儿，只能在醉酒折返时，向荷花说了，对它倾吐：我比去年又老了一岁啊！

【说明】

此首《词谱》卷九作李清照词。《花草粹编》卷七未标作者姓名。

63. 玉烛新·溪源新腊后

溪源新腊后。见数朵江梅，剪裁初就。晕酥砌玉芳英嫩，故把春心轻漏。前村昨夜，想弄月、黄昏时候。孤岸峭，疏影横斜，浓香暗沾襟袖。尊前赋与多材，问岭外风光，故人知否。寿阳谩斗。终不似，照水一枝清瘦。风娇雨秀。好乱插、繁花盈首。须信道，羌管无情，看看又奏。

【注释】

玉烛新：词牌名，始于《清真乐府》。

新腊：刚进入腊月。

晕酥：色彩渐变而娇嫩无力。

砌玉：形容花瓣美白像用白玉堆成的。

春心：花心或春天引发的情怀。

前村：古诗词中常见意象，可指具体的地名，也可泛指前面的村子。

寿阳：寿阳公主在梅花树下睡着了，梅花花瓣落在她的眉心上，更显娇美，后来演变成一种妆容“梅花妆”。这里指的是梅花。

盈首：满头。

看看：形容时间不经意间过去。

【译文】

刚进入腊月的小溪源头一派美景。溪边几枝梅花开放，就好像刚刚剪裁出来的。花瓣有的粉晕开来，有的好像白玉堆成，娇嫩芬芳，轻轻绽放露出花心。昨天晚上住在前村，黄昏时分，就想欣赏月亮。来到孤立陡峭的岸边，梅花树影丛生，不知不觉间袖子衣襟上沾满了梅花的香气。

喝着酒，给那多才的人写了一首诗，询问他岭外的风景如何，还记不记得故人。梅花繁茂怒放争奇斗艳。最终还是不像那临水而照的梅花，清瘦娴静。在风中显得娇嫩，在雨中显得秀气。好一顿乱插，满头都是花。要知道，羌笛动听却无情，并不会理会人的心情，不知不觉又开始演奏了。

【说明】

这首词是周邦彦所作，见《详注周美成词片玉集》卷七。《梅苑》误作李清照词。

64. 春光好·看看腊尽春回

看看腊尽春回。消息到、江南早梅。昨夜前村深雪里，一朵花开。
盈盈玉蕊如裁。更风清、细香暗来。空使行人肠欲断，驻马徘徊。

【注释】

驻马：停下马不走。

【译文】

不知不觉腊月过完了，春天回归大地。江南的梅花早早开放，报告了春天到来的消息。昨天晚上前村下了一场大雪，雪中有一朵花悄悄开放。

那如玉般的花蕊盈盈挂在枝头，就好像剪裁出来的一样。更有一阵清风吹来，空气里暗暗飘来阵阵清香。这样的景色让行客在外的人停下马徘徊彷徨，空自伤心断肠。

【说明】

作者无名氏，见于《永乐大典》卷二千八百零八梅字韵。

见《梅苑》卷九。

65. 河传・香苞素质

香苞素质。天赋与、倾城标格。应是晓来，暗传东君消息。把孤芳、回暖律。

寿阳粉面增妆饰。说与高楼，休更吹羌笛。花下醉赏，留取时倚阑干，斗清香、添酒力。

【注释】

标格：品格，风格。

暖律：古代以时节合音律，温暖的时节称“暖律”。

【译文】

花苞芳香，资质素雅。天生长成这样倾国倾城的风姿格调。清晨它应该是在暗暗传送东君的消息。我把玩着独秀的香花，开始重新弹奏暖律。

梅花贴在粉嫩的面容上，增添了妆饰。对高楼倾诉，不要再吹羌笛了。赏花饮酒，倚靠着栏杆折花存留下来，清香阵阵袭来，饮酒的兴致更好了。

【说明】

作者无名氏，见于《永乐大典》卷二千八百十梅字韵。

66. 七娘子・清香浮动到黄昏

清香浮动到黄昏，向水边、疏影梅开尽。溪边畔，轻蕊，有如浅杏。一枝喜得东君信。

风吹只怕霜侵损。更新来、插向多情鬓。寿阳妆鉴，雪肌玉莹。岭头别后微添粉。

【注释】

玉莹：像美玉一样晶莹、纯洁。

【译文】

黄昏时分，空气中阵阵清香浮动，我来到水边，看到几枝梅花都开了。它们绽放在溪水边，花蕊娇嫩，花瓣好像浅色的杏花。有一枝欢喜地得到了春神送来的消息。

风儿轻轻吹来，恐怕要被白霜侵袭，损伤美丽。多情的人摘了一朵插在发间。用梅花做成寿阳妆，更显得容颜明丽，肌肤晶莹雪白。自从岭头分别之后，微微添了些粉红色。

【说明】

作者无名氏，见于《永乐大典》卷二千八百十梅字韵。

67. 忆少年·疏疏整整

疏疏整整，斜斜淡淡，盈盈脉脉。徒怜暗香句，笑梨花颜色。
羁马萧萧行又急。空回首，水寒沙白。天涯倦牢落，忍一声羌笛。

【注释】

牢落：寂寥，孤寂。

【译文】

一枝枝梅花争相开放，有的疏朗，有的齐整，有的歪斜，有的色淡，都是盈盈身姿，脉脉含情。徒自欣赏写梅花暗香的句子，想到梨花的颜色，也觉得比不上这梅花。

我在羁旅中骑马快行。空自回首，只看到寒冷的江水和泛白的沙滩。天涯路远，这份孤寂已让我厌倦，更何况还听见有人在吹奏羌笛，这让我怎么忍受啊。

【讲解】

这首词也是在咏梅，但全文没有一个“梅”字。开篇十二个叠字，意境堪比《声声慢》开篇“寻寻觅觅，冷冷清清，凄凄惨惨戚戚”。此词是在写梅花，但主要目的不是赞梅，梅花只是作者行路中的一瞥，这一瞥引起了词人更加深重的孤寂之感。这一瞥是短暂的，引发的感情却是长久的。表面是在写咏梅，实则是在抒发“牢落”之感。

【辑评】

见于《永乐大典》卷二千八百十梅字韵。

徐培均：作于宋建炎四年（1130）追随宋高宗辗转浙东之际。

上海新编《李清照集》：此阕《梅苑》作易安词。本书接下来的《捣练子》《喜团圆》《清平乐》《二色宫桃》《泛兰舟》《远朝归》《十月梅》《真珠髻》《击梧桐》《沁园春》等也跟这首词一样。但是按照传本《梅苑》，这些词实际上署名是无名氏，不知道依据出自哪里。

68. 玉楼青・腊梅先报东风信

腊梅先报东风信，清似龙涎香得润。黄轻不肯整齐开，比著江梅仍更韵。
纤枝瘦绿天生嫩，可惜轻寒摧韵横。刘郎只解误桃花，惆怅今年春又尽。

【注释】

黄轻：浅黄色。

横：杂乱。

刘郎：比喻走了又回来的人。南朝宋刘义庆《幽明录》记载，东汉永平年间，刘晨和阮肇在天台桃源洞遇到了神仙。回家之后，已到太元年间，两人又回到了天台。唐刘禹锡《再游玄都观》诗："百亩庭中半是苔，桃花净尽菜花开。种桃道士归何处？前度刘郎今又来。"

【译文】

蜡梅率先报告了春天的消息。清风中飘来龙涎香般的清香，吹得花朵滋润。浅黄色的花朵没有一下子全部开放，而是一朵两朵地开，比江梅更有韵味。

纤细干瘦的绿色树枝，天生娇嫩。可惜的是，在微微的寒意摧残下，梅花枝横，韵味折损。去年离开的人再回来时误以为这是桃花，惆怅着今年的春天又过去了。

【说明】

以上五首，都见于《梅苑》卷九，无撰人姓氏，因此是无名氏作品。

《永乐大典》误题作李清照词。《梅苑》无名氏词，《永乐大典》往往以为前一人所作。

唐圭璋《全唐词》中，《玉楼春》一首没有收入其中。

《全宋词》所录《永乐大典》各词，先后次序没有按照原书，文字也与原书不太相同，但是如改为依从别本，又没有任何注明。

69. 柳梢青・子规啼血

子规啼血。可怜又是，春归时节。满院东风，海棠铺绣，梨花飞雪。
丁香露泣残枝，诮未比、愁肠寸结。自是休文，多情多感，不干风月。

【注释】

子规：杜鹃。

可怜：可爱，可喜。

未比：比不上。

休文：南朝文学家沈约的字是休文。他因为历经宋齐两朝均不被重用而忧郁成疾。中国古代诗词中常以“沈郎腰”表示因忧愁而消瘦。

不干：与之无关。

风月：清风明月，代指美丽的景色。

【译文】

杜鹃开始啼叫。让人欢喜的是，又到了春天归来的时节。满庭院中飘荡着春风，海棠花盛开仿若铺垫的锦绣，雪白的梨花被风吹得纷纷扬扬，仿佛是在飞雪。

挂在残枝上的丁香花沾染着露水，仿佛在哭泣，但也比不上我凝结在心的忧愁。我和沈约一样多愁善感，但这跟眼前的清风明月美景没有关系。

【说明】

本词作者蔡伸，见于《友古居士词》。

洪武本《草堂诗馀》前集卷上、荆聚本《草堂诗馀》前集卷上、陈钟秀本《草堂诗馀》卷上、杨金本《草堂诗馀》后集卷上全都误作无名氏词。

《词学筌蹄》误作李清照词，《七修类稿》沿袭了这个误题。

《类编草堂诗馀》卷一、《诗馀图谱补遗》卷一等都误作贺铸词。

上海新编《李清照集》云："《草堂诗馀》作易安词。"王仲闻《李清照集校注》称未见各本《草堂诗馀》中有以此词为李易安作者。不知道依据的是什么版本。

光緒乙酉仲秋月上浣
山陰任伯年寫於海上

70. 点绛唇·红杏飘香

红杏飘香，柳含烟翠拖轻缕。水边朱户。尽卷黄昏雨。

烛影摇风，一枕伤春绪。归不去。凤楼何处。芳草迷归路。

【注释】

凤楼：佳人的住处。

【译文】

红色的杏花飘出香气，碧绿的柳树笼罩着朦胧的烟气，拖拽着轻柔的枝条。水边有一户富贵人家，黄昏时分，下了一阵雨，红色的大门紧紧关闭着。

蜡烛被风吹动，影子随之摆动，枕在枕头上，满是伤春的情怀。想回去，却回不去。佳人居住的凤楼在哪里呢。芳草萋萋，不知归路。

【说明】

本词作者苏轼，见于南宋曾慥本《东坡词拾遗》。

洪武本《草堂词馀》前集卷上误作无名氏词。

《类编草堂诗馀》卷一误作贺铸词，后来的各种选本都跟着误作了。

71. 青玉案·凌波不过横塘路

凌波不过横塘路，但目送、芳尘去。锦瑟年华谁与度。月楼花院，琐窗朱户。只有春知处。碧云冉冉蘅皋暮。彩笔空题断肠句。试问闲愁都几许。一川烟草，满城风絮，梅子黄时雨。

【注释】

芳尘：女子走路带起的尘土。

锦瑟年华：青春年华。

冉冉：云朵慢慢飘动的样子。

蘅皋：长着香草的水边高地。

彩笔：彩色的笔，也比喻写作功底很深。

一川：遍地。

【译文】

轻移莲步不再越过横塘路，只是目送着她走远的身影。与谁一起度过这美好的青春年华呢？

明月高挂的楼阁，花开繁盛的庭院，装饰华美的窗户，朱红色的大门。只有春天知道她的住处。

傍晚时分，天上的云慢慢飘荡舒卷，水岸边的芳草繁茂丛生。提起彩笔，满腹才华，题写下令人伤感的句子。试问你知道闲愁有多少？好像一眼望不到边的烟草，满城飘飞的花絮，梅子黄熟时下的连绵不绝的雨。

【辑评】

周紫芝《竹坡诗话》：贺方回尝作《青玉案》词，有“梅子黄时雨”之句，人皆服其工，士大夫谓之贺梅子。

刘熙载：贺方回《青玉案》词收四句云：“试问闲愁都几许？一川烟草，满城风絮，梅子黄时雨。”其末句好处全在“试问”句呼起，及与上“一川”二句并用耳。

王闿运：一句一月，非一时也。

罗大经《鹤林玉露》：贺方回有“试问闲愁都几许？一川烟草，满城风絮，梅子黄时雨”。盖以三者比愁之多也，尤为新奇，兼兴中有比，意味更长。

沈谦《填词杂说》：“一川烟草，满城风絮，梅子黄时雨。”不特善于喻愁，正以琐碎为妙。

先著、程洪《词洁》：方回《青玉案》词工妙之至，无迹可寻，语句思路亦在目前，而千人万人不能凑拍。

沈际飞《草堂诗馀正集》：叠写三句闲愁，真绝唱！

王方俊《唐宋词赏析》：贺铸晚年退隐至苏州，并在城外十里处横塘有住所，词人常往来其间。这首词写于此时此地。词中写路遇一女子，而引起了作者对生活的感慨。

【说明】

本词作者是贺铸，见于《东山词》卷上、《乐府雅词》卷上、《中吴纪闻》卷三、《诗人玉屑》卷二十一等书。

《山谷内集诗注》卷十八记载，黄山谷有《寄贺方回》诗云：“少游醉卧古藤下，谁与愁眉唱一杯。解作江南断肠句，只今惟有贺方回”。宋代人根据这首词做和词的有很多。

洪武本《草堂诗馀》前集卷上误作无名氏词。

72. 如梦令・谁伴明窗独坐

谁伴明窗独坐？和我影儿两个。灯尽欲眠时，
影也把人抛躲。无那。无那。好个恓惶的我。

【注释】

抛躲：抛弃。

恓惶（xī huáng）：忙碌悲伤的样子。

无那：无奈。

【译文】

是谁陪伴着独坐在明亮的窗前的我？是我和我的影子。蜡烛快要燃尽，困意袭来，影子也把人抛弃了。无奈啊，无奈，只是个忙忙碌碌内心悲伤的我。

【说明】

这首词作者是南宋向镐，见《乐斋词》。

《续草堂诗馀》误作李清照词。

《林下词选》注：“一本误作向丰之。”实际上并不是。

上海新编《李清照集》：“《乐府雅词》作向镐《乐斋词》。”而传本《乐府雅词》并无此词，亦无向镐词，不知何据，疑有错误。

73. 菩萨蛮 · 绿云鬓上飞金雀

绿云鬓上飞金雀，愁眉翠敛春烟薄。香阁掩芙蓉，画屏山几重。

窗寒天欲曙，犹结同心苣。啼粉污罗衣，问郎何日归?

【注释】

金雀：雀形的金钗。

香阁：女子的住处。

画屏：精美的屏风。

同心苣：菜名，古代常作为丝绸锦缎的图案。这里的意思是女子还佩戴着同心苣，表明对郎君的思念。

【译文】

金雀形的钗在浓密如云的鬓上发间颤动。浓黑的双眉皱着，仿佛笼罩着淡淡的春烟。佳人的居所掩映在芙蓉花里。精美的屏风上的山重重叠叠。

窗边寒冷，天快亮了。佳人还佩戴着同心苣。因为思念忍不住哭泣，脸上的脂粉被泪水冲到罗衣上。想问问郎君什么时候回来?

【说明】

作者为五代时牛峤，见于《花间集》卷四。

《续草堂诗馀》等误。

《林下词选》注：“一本误作牛峤。”实际上并不是。

74. 生查子・元夕

去年元夜时，花市灯如昼。月上柳梢头，人约黄昏后。

今年元夜时，月与灯依旧。不见去年人，泪湿春衫袖。

【注释】

依旧：像从前一样。

春衫：春天轻薄的衣衫。

【译文】

去年元宵节的时候，花市的灯亮如白昼。月亮爬上树梢，情人在黄昏后约会。

今年元宵节的时候，月亮与灯还是像去年一样。只是看不见去年的人了，眼泪沾满了薄薄春衫的袖子。

【说明】

这首词的作者是欧阳修，见于《欧阳文忠公近体乐府》卷一。

《词的》误作李清照词。

《汇选历代名贤词府全集》卷一、《续草堂词馀》卷上误以为此首作者是秦观。

《词品》卷二误以为作者是朱淑真。

《尧山堂外纪》卷五十四、《续草堂诗馀》卷上、《古今词统》卷三、《古今诗馀醉》卷一、《词鹄初编》卷一、《同情集词选》卷三等都跟着误作了。

《见山亭古今词选》卷一误作无名氏词。

《瀛奎律髓》卷十六王諲《观灯》诗，方回注云："如李易安'月上柳梢头'则邪僻矣。"这说明宋朝人就已误以此为李清照的词。

75. 浣溪沙・楼上晴天碧四垂

楼上晴天碧四垂，楼前芳草接天涯。劝君莫上最高梯。
新笋已成堂下竹，落花都上燕巢泥。忍听林表杜鹃啼。

【注释】

林表：林外。

【译文】

在高楼上望向天空，一碧如洗，晴朗四合。楼前的芳草蔓延至天边。劝君不要登上最高的楼梯。

堂下的新笋已经长成了高大的竹子，落花已经碾入土壤被燕子衔着筑巢去了。这个时刻，怎么忍心再去听那杜鹃的鸣叫声呢。

【辑评】

陈天敏《无敌不可不读：国学初识（初中图文版）》：这首小令是即景抒怀之作。小令不比慢词，没有铺叙，语言必须凝练集中而又深沉蕴藉，才具有感人的力量。

俞陛云《唐五代两宋词选释》：上阕，有李白《菩萨蛮》词“有人楼上愁”“玉阶空伫立”之意。下阕；“新笋”二句，写景即言情，有手挥目送之妙。芳序已过，而归期犹滞，忍更听鹃声耶？

俞平伯《清真词释》：此词一气呵成，空灵完整，对句极自然，《浣溪沙》之正格也。

姜钧《宋词大鉴赏》：本词写的是伤春离别，但大处着笔，尺水兴波，很不常见。

【说明】

这首词作者是周彦邦，见于《详注周美成词片玉集》卷三。

《林下词选》注：“一本误刻周美成。”实际上并不是。

《便读草堂诗馀》等误作李清照词。

孟端爲
用之寫
此無錫山人王孟端作以貺予片楮中
見此短幀而烟雲千疊之勢如在渭
川淇園也予愛其筆力得之偶然舉
以奉呂氏仲亨先生而書以識之

76. 孤鸾·天然标格

天然标格，是小萼堆红，芳姿凝白。淡伫新妆，浅点寿阳宫额。东君想留厚意，倩年年、与传消息。昨夜前村雪里，有一枝先坼。
念故人何处水云隔。纵驿使相逢，难寄春色。试问丹青手，是怎生描得。晓来一番雨过，更那堪、数声羌笛。归去和羹未晚，劝行人休摘。

【注释】

凝白：积雪。

倩：请。

坼：开放，绽放。

驿使：送信的人。

和羹：指梅花。

【译文】

梅花天生的风度品格，小小的花萼簇拥着红色的花瓣，姿态优美，被积雪覆盖。淡雅挺立，好像新化的妆容，可以轻轻点在双眉间做寿阳妆。春神东君对它格外看重，年年请它传递春天的消息。昨天晚上前村下了一场雪，有一枝梅花就率先开放了。

思念故人，中间隔了千山万水，不知道他现在在哪里。即使送信的人能遇到他，也难以寄送这春天的景色。想问问擅长画画的人，怎么样才能将梅花的美丽描绘出来。清晨下了一场雨，本就凄清冷寂，更何况，还传来羌笛的声音。回去的时候梅花还不会凋谢，劝行人千万不要摘花。

【说明】

《草堂诗馀正集》卷四，题朱希真撰，注：“误刻李。”盖当时或以此为李清照词也。

实为无名氏作。见于《草堂诗馀》后集卷下、杨金本《草堂诗馀》后集卷下。

陈钟秀本《草堂诗馀》卷下、《类编草堂诗馀》卷三误以为此词作者是朱敦儒，其后各个选本多沿袭了这个错误。

77. 捣练子·欺万木

欺万木，怯寒时。倚阑初认月宫姬。拭新妆，披素衣。

孤标韵，暗香奇。冰容玉艳缀琼枝。借阳和，天付伊。

【注释】

月宫姬：月宫的仙子。

素衣：白色丝绢做的衣服。

孤标：孤冷高洁。

阳和：春天的暖气。

【译文】

寒意怯怯，侵袭着树木。靠着栏杆欣赏梅花，就好像初次认识那仿如月宫仙子的佳人。仿佛她披着素衣，正在化新妆。

梅花孤冷标致，韵味独特，暗暗散发出奇妙的香气。枝头挂着的花瓣，仿佛佳人洁白纯净的面容像玉一样美艳。借着温暖的阳和之气，真是上天赋予了你这样的美丽。

【说明】

无名氏词作，见于《梅苑》卷八。

李文裿辑《漱玉词》卷三误作李清照词。

78. 喜团圆・轻攒碎玉

轻攒碎玉，玲珑竹外，脱去繁华。尤殢东君，最先点破，压倒群花。
瘦影生香，黄昏月馆，清浅溪沙。仙标淡伫，偏宜幺凤，肯带栖鸦。

【注释】

碎玉：指落花。

玲珑：指梅花。

月馆：馆名。传说舜时筑于衡山之麓用来望月。

幺凤：鸟名。长着五彩羽毛，比燕子个头小。

【译文】

轻轻攒了一把落花,发现在竹林的掩映下有盛开的梅花,眼前顿感洗净繁华般的雅静。梅花留住了春神，最先开放，风头碾压群花。

黄昏时分，月馆之上，清浅的溪水边，有几枝干瘦的梅枝，散发出阵阵清香。那淡雅的身姿带着仙气，最适合幺凤，怎么肯让乌鸦来栖息呢。

【说明】

无名氏词作，见《梅苑》卷八。

朱之赤旧藏抱经斋钞本《小山词》补遗引《花草粹编》误作晏几道词。

李文裿辑《漱玉词》卷三误作李清照词。

79. 清平乐・寒溪过雪

寒溪过雪，梅蕊春前发。照影弄姿香苒苒，临水一枝风月。

梦游仿佛仙乡，绿窗曾见幽芳。事往无人共说，愁闻玉笛声长。

【注释】

苒苒：气味轻飘的样子。

幽芳：清香，指香花，借指美人。

【译文】

寒冷的小溪下了一场雪。春天快来的时候，梅花开放了。水中照影，香气飘飘，那靠近水边的一枝最是清风明月般清雅美丽。

一梦醒来，以为到了仙乡。曾经在绿色纱窗边见到佳人。往事无人可诉说，听着悠长的玉笛声，只觉得更忧愁了。

【说明】

作者无名氏，见于《梅苑》卷九。

李文祫辑《漱玉词》卷三误作李清照词。

80. 二色宫桃·镂玉香苞酥点萼

镂玉香苞酥点萼。正万木、园林萧索。惟有一枝雪里开，江南信，更凭谁托。
前年记赏登高阁。叹年来、旧欢如昨。听取乐天一句云，花开处、且须行乐。

【注释】

年来：一年以来，近年来。

乐天：白居易。

【译文】

芳香的花苞好像镂空的玉般细腻，花萼酥嫩。园子里万木萧条。只有一枝花在雪里盛开，江南的消息托谁给寄过去呢。

还记得前年登临高阁游玩。让人感慨的是，这一年来，往日的欢乐仿佛就在眼前。听白居易的话，还是在花开时节，及时行乐吧。

【说明】

作者无名氏，见《梅苑》卷九。

李文裿辑《漱玉词》卷三误作李清照词。

81. 小桃红·后园春早

后园春早。残雪尚濛烟草。数树寒梅，欲绽香英。
小妹无端、折尽钗头朵，满把金尊细细倾。
忆得往年同伴，沉吟无限情。恼乱东风、莫便
吹零落，惜取芳菲眼下明。

【注释】

濛：形容细雨。

小妹：小姑娘。

无端：无理由地。

钗头朵：形容梅花像发钗的钗头。

恼乱：烦乱。

明：灿烂。

【译文】

后园里的春意来得很早。残雪还未完全消融，草丛湿漉朦胧。几枝梅花，含苞待放。小姑娘毫无征兆地将梅花折下来插在她的发间当发钗，斟满酒杯，细细品尝。

回忆起往年的同伴，沉吟一想，心里生起无限的情意。那乱吹的东风实在让人烦恼，不要将那些花朵吹得四处零落，要珍惜眼前的花朵，让它们灿烂绽放。

【说明】

作者为晏殊，词名《玉堂春》，见于《珠玉词》。

《梅苑》卷八误作无名氏词。

李文裿辑《漱玉词》误作李清照词。

82. 行香子·天与秋光

天与秋光，转转情伤。探金英、知近重阳。薄衣初试，绿蚁新尝。渐一番风、一番雨、一番凉。黄昏院落，恓恓惶惶。酒醒时、往事愁肠。那堪永夜，明月空床。闻砧声捣、蛩声细、漏声长。

【注释】

转转：渐渐。

金英：金黄色的菊花。

砧声：捣衣声。

【译文】

秋天来了，渐渐产生了悲秋情绪。看到金黄色的菊花，知道快到重阳节了。才刚试穿了轻薄的衣裳，刚品尝了新酿的美酒。就一阵风、一阵雨地带来了一阵阵凉意。

黄昏时分，园子里一片寥落景象。喝醉后醒来，往事涌上心头，更加愁肠寸断。更何况漫长的夜晚，空有明月，独自卧床，可怎么忍受啊。只能听着静夜里传来的捣衣声，蟋蟀在草丛里轻声鸣叫，滴漏的声音滴答传来。

【说明】

作者无名氏，见于《乐府雅词拾遗》卷下(《全宋词》失收)。

李文裿辑《漱玉词》误作李清照词。

上海《李清照集》云："此词见《花草粹编》，除冷雪庵本《漱玉词》(指李文裿辑《漱玉词》)外，各本俱未收。"按目前传世的两种版本《花草粹编》：一个是明万历原刊十二卷本(有影印本)，一个是清金绳武活字印二十四卷本，此二本都没有标明是李清照词作。

83. 泛兰舟·霜月亭亭时节

霜月亭亭时节，野溪开冰灼。故人信付江南，归也仗谁托。寒影低横，轻香暗度，疏篱幽院何在，秦楼朱阁。称帘幕。

携酒共看，依依承醉更堪作。雅淡一种天然，如雪缀烟薄。肠断相逢，手捻嫩枝，追思浑似，那人浅妆梳掠。

【注释】

霜月：农历七月或寒冷的月亮。

亭亭：高高的样子，明亮美好的样子。

称：举起。

依依：柔弱的样子。

梳掠：梳理。

【译文】

秋天的月亮明亮美好，高高悬挂在空中，野外的小溪里开始结出亮亮的冰。从江南回来，给故人的信托谁给寄过去呢。清冷的梅枝影子低低横着，清新的香气暗暗飘来，稀疏的篱笆，幽深的院子，佳人所在的秦楼朱阁在哪里呢。举起帘子进去。

一起举着酒杯欣赏，喝醉之后浑身发软。天生一种雅淡的姿态，就好像白雪点缀烟气薄薄覆盖。无法相见，想到这里就肝肠寸断，手里捻着嫩枝回想。这梅花就好像那思念的人儿，喜欢化淡妆。

【说明】

作者无名氏，见于《梅苑》卷一。

李文裿辑《漱玉词》误作李清照词。

84. 远朝归・金谷先春

金谷先春，见乍开江梅，晶明玉腻。珠帘院落，人静雨疏烟细。横斜带月，又别是、一般风味。金尊里。任遗英乱点，残粉低坠。

惆怅杜陇当年，念水远天长，故人难寄。山城倦眼，无绪更看桃李。当时醉魄，算依旧、徘徊花底，斜阳外。谩回首、画楼十二。

【注释】

金谷：晋石崇所筑的金谷园。这里泛指富贵人家的园林。

先春：早春。

【译文】

园子里的春天早早就来了，突然就看见江梅开了，朵朵花瓣像晶玉般鲜明细腻。门前挂着珠帘的庭院里，寂静无人声，雨丝稀疏，烟气薄淡。梅枝横斜，月上枝头，又是另一种风情。金樽里，落花凌乱地落在酒水上，凋零的花瓣低低飘洒。

回想杜陇当年，失意感伤，天高水远，对故人的思念难过传寄。看够了山城旧景，桃李花开，也无心再赏。大醉一场，如往日那般，在夕阳西下之时于花底徘徊。而当年亭台楼阁林立的繁华景象就不要再回想了吧。

【说明】

这首词作者是赵耆孙，见于《花草粹编》卷八。

《梅苑》卷一作无名氏词。

李文裿辑《漱玉词》卷四误作李清照词。

85. 远朝归·新律才交

新律才交，早旧梢南枝，朱污粉腻。烟笼淡妆，恰值雨膏初细。而今看了，记他日、酸甜滋味。多应是，伴玉簪凤钗，低桠斜堕。

迤逦，对酒当歌，眷恋得芳心，竟日何际。春光付与，尤是见欺桃李。叮咛寄语，且莫负、尊前花底。拚沉醉，尽铜壶、漏传三二。

【注释】

新律：古代以时节对应音律，新律指的是换季了。这里指的是春天来了。

交：到某个时辰或季节。

他日：过去或将来的某一日。

迤逦（yǐ lǐ）：形容歌声婉转悠扬。

芳心：花心，引申为美人的心。

竟日：整天。

际：时候。

三二：形容极少的数量。

【译文】

春天刚刚来到，旧枝上早早就有向阳的枝条发芽了，一场细细的春雨过后，新开的娇嫩花朵仿佛化着淡淡的妆容，花粉被浸润得滑腻，被淡淡烟气笼罩。如今看到这情景，想起了往日的种种，心里既甜蜜又心酸。花朵被摘下来插在发间，与玉簪凤钗相伴，低颤斜坠。

歌声婉转悠扬，对酒当歌，恋恋不舍，获得美人的芳心，整天欢乐得不知道什么时候。春意更浓，梅花渐渐凋零，风头被桃李的风姿盖过。千万不要辜负那美好时刻的殷殷叮嘱。喝它个烂醉吧。一直到更漏滴尽。

【说明】

《梅苑》卷八记作者为无名氏。

《花草粹编》卷八作赵耆孙词。

李文祷辑《漱玉词》卷四误作李清照词。

86. 十月梅・千林凋尽

千林凋尽，一阳未报，已绽南枝。独对霜天，冒寒先占花期。清香映月浮动，临浅水、疏影斜欹。孤标不似，绿李夭桃，取次成蹊。

纵寿阳、妆脸偏宜。应未笑、天然雅态冰肌。寄语高楼，凭阑羌管休吹。东君自是为主，调鼎鼐、终付他时。从今点缀，百草千花，须待春归。

【注释】

一阳未报：春天的信息还没有报告。一阳，少阳，在五行八卦学中代表东方，代表春天。

斜欹：倾斜。

取次：随意。

蹊：小路。

鼎鼐（nài）：指朝廷。

他时：将来。

【译文】

万千树木还是凋零干枯的时候，春天的消息还没有到来，梅树向南的枝头已经绽放花朵。独自面对寒冷的天气，冒着严寒率先抢占花期。皓月当空，清香飘浮，在浅水边，疏朗的梅枝斜斜伸展。梅花那孤冷的风格，与碧绿的李树妖艳的桃树不同，树下随意就被人们踏出了小路。

即使寿阳妆的妆饰最好看，应该也没有天然的优雅姿态冰洁的质感好。在高高的楼阁上想传个话，靠在栏杆上，不要再吹奏让人断肠的羌笛了。春神掌管时节，自有调度，总会让春天到来的。从现在开始，百草千花要繁盛生长，须要等待春天的归来。

【说明】

作者无名氏，见于《梅苑》卷一。

李文裿辑《漱玉词》卷四误作李清照词。

87. 真珠髻・重重山外

重重山外，苒苒流光，又是残冬时节。小园幽径，池边楼畔，翠木嫩条春别。纤蕊轻苞，粉萼染、猩猩鲜血。乍几日，好景和风，次第一齐催发。天然香艳殊绝。比双成皎皎，倍增芳洁。去年因遇东归使，指远恨、意曾攀折。岂谓浮云，终不放、满枝明月。但叹息、时饮金钟，更绕丛丛繁雪。

【注释】

苒苒：时光流逝的样子。

流光：如流水般逝去的时光。

猩猩鲜血：像猩猩血液一样的红色，介于红色和橙色之间。

殊绝：超绝。

双成：神话中西王母的美丽侍女。这里指的是美丽的梅花。

皎皎：洁白。

指：指望。

金钟：酒杯。

【译文】

山川重峦叠嶂，时光荏苒逝去，又到了残冬季节。小园子里幽深的小路上，池塘边的阁楼旁，翠绿软嫩的枝条透露着春天将要过去的消息。纤弱的花蕊，轻软的花苞，花萼沾染了猩红。突然有几天，天气很好，清风和暖，梅花就次第开放了。

那天然香艳的身姿，真是太绝妙了，这美如仙子的花朵，开得那样洁白，更增添了它芳香高洁的气质。去年因为遇见了向东归去的送信的人，曾想折下一枝，指望能带去我对远方之人的思念惆怅之情。怎么能将一切看作过眼浮云呢，终究还是放不下，这花开繁盛明月当空的良辰美景。只能叹息着，喝着酒，围绕着如堆雪般繁茂的梅花。

【说明】

作者无名氏，见《梅苑》卷一。

《历代诗馀》卷八十七误作晏几道词。

李文裿辑《漱玉词》卷四误作李清照词。

伯年写意

88. 击梧桐 · 雪叶红凋

雪叶红凋，烟林翠减，独有寒梅难并。瑞雪香肌，碎玉奇姿，迥得佳人风韵。清标暗折芳心，又是轻泄，江南春信。最好山前水畔，幽闲自有，横斜疏影。

尽日凭阑，寻思无语，可惜飘琼飞粉。但怅望、王孙未赏，空使清香成阵。怎得移根帝苑，开时不许众芳近。免教向、深岩暗谷，结成千万恨。

【注释】

迥得：差得远。

清标：清美出众。

【译文】

花草树叶凋零，万物萧条暗淡，只有寒梅遗世独立。在瑞雪的映衬下，更显芳香，那细小洁白的奇妙身姿，就是美人也难以比得上。悄悄轻折一朵，那样清美出众，轻易就透露出春天的信息。然而最好是在山前水畔欣赏它，在那里，梅花疏影横斜，自有一种幽静闲雅的格调。

整天靠在栏杆上，想着心事，默默无语，看着那飘飞的花瓣花粉，内心觉得可惜。惆怅地望着，王孙公子还没有欣赏，只空留下清香。怎么才能把它们移栽到皇家园林中，开的时候不允许有旁的香花。免得藏在这幽深的山谷里，空结成千万种遗憾怨恨。

【说明】

作者无名氏，见于《梅苑》卷一。

李文裿辑《漱玉词》卷一误作李清照词。

89. 沁园春・山驿萧疏

山驿萧疏，水亭清楚，仙姿太幽。望一枝颖脱，寒流林外，为传春信，风定香浮。断送光阴，还同昨夜，叶落从知天下秋。凭阑处，对冰肌玉骨，姑射来游。

无端品笛悠悠。似怨感长门人泪流。奈微酸已寄，青青杪，助当年太液，调鼎和馐。樵岭渔桥，依稀精彩，又何藉纷纷俗士求。孤标在，想繁红闹紫，应与包羞。

【注释】

萧疏：凄凉空寂。

清楚：清晰明净。

断送：丧失。

姑射（yè）：传说中的神山。指山名，也指山上的仙人。泛指美人。

杪（miǎo）：树梢。

太液：太液池。

调鼎和馐：比喻治理国家。

樵岭渔桥：形容隐居生活。

依稀：些许。

包羞：忍受羞辱。

【译文】

山中驿馆凄凉空寂，水中小亭清晰可见，仿佛仙人居住的地方一般幽静。看见一枝梅花脱颖而出率先开放，在寒冷的溪流边树林外，传递着春的消息，风轻轻吹过，空气里弥漫着香气。虚度光阴，恍如昨日，一片树叶落下就知道整个秋天要来了。倚靠着栏杆，看着那冰肌玉骨般的花朵，仿佛看见仙女来游玩。

无聊地听着悠悠的笛声。就好像听见了长门宫怨般的感情，让人忍不住泪长流。心里微微有些酸楚，寄托在那青青的树梢上，心怀治理国家的抱负。然而樵岭渔桥的乡野生活，也还是很精彩的，何必让那些俗世之人来。有孤冷高洁的梅花在，还想那些姹紫嫣红做什么，真应该感到羞耻。

【说明】

作者无名氏，见于《梅苑》卷一。

李文су辑《漱玉词》卷一误作李清照词。

90. 失调名·凝眸

凝眸。两点春山满镜愁。

【注释】

春山：女子像春天的青山一样浓黑的眉毛。

【译文】

凝眸不动。对镜梳妆，眉如春山，满面含愁。

【说明】

作者是周邦彦，为《南乡子·晨色动妆楼》词句，全词为“晨色动妆楼，短烛荧荧悄未收。自在开帘风不定，飕飕。池面冰澌趁水流。早起怯梳头，欲绾云鬟又却休。不会沈吟思底事，凝眸。两点春山满镜愁。”见陈元龙《详注周美成词片玉集》卷三。

《花镜隽声》所附《花镜韵语》误以为是李清照词作。

91. 失调名·几日不曾楼上望

几日不曾楼上望，粉红香白已争妍。

【注释】

争妍：竞相开放。

【译文】

好多天没有上高楼来观望，不知不觉间粉红色的花白色的花都竞相开放了。

【说明】

作者是清初顾贞立（顾贞观姐姐），为其《浣溪沙》词句，全篇云："百啭娇莺唤独眠，起来慵自整花钿。浣衣风日试衣天。几日不曾楼上望，粉红香白已争妍。柳条金嫩滞春烟。"题作《和王夫人仲英韵》，见《众香词》礼集。

清代初期其他选本也有此种记录，这里不再赘引。

《蕙风词话》以为李清照词句，没有找到依据。

《蕙风词话》原文云："梅宛陵诗'不上楼来今几日，满城多少柳丝黄。'《晁氏客语》记欧公云：'非圣俞不能到。'（见宋叶寘《爱日斋丛钞》）按李易安词：'几日不曾楼上望，粉红香白已争妍。'由此脱胎，却自是词笔。"

补遗

词二首，失调名八则

92. 新荷叶·薄露初零

薄露初零，长宵共、永昼分停。绕水楼台，高耸万丈蓬瀛。芝兰为寿，相辉映、簪笏盈庭。花柔玉净，捧觞别有娉婷。

鹤瘦松青，精神与、秋月争明。德行文章，素驰日下声名。东山高蹈，虽卿相、不足为荣。安石须起，要苏天下苍生。

【注释】

分停：平分。这里指昼夜平分的意思。

蓬瀛：以传说中海上“蓬莱”“瀛洲”等神山比喻寿星家的亭台楼阁。

芝兰：香草，比喻优秀子弟，称颂他人子孙昌盛，据《晋书》，谢安子侄皆贤，乃比作芝兰玉树生于庭阶。

簪笏：指冠簪和手板，古代仕宦所用，比喻官员或官职。

娉婷：此指美女。

鹤瘦松青：鹤鸟寿长谓之仙鹤，松柏常年青翠，故合用为祝寿之辞。

日下：指京都。

东山高蹈：一则以隐居会稽东山的晋人谢安比喻寿主；二则寿主晁补之之原籍齐州，即今山东一带。在宋朝，人们习惯把齐州一带叫作东山、东郡或东州。当年苏轼称自己知密州为“赴东郡”或“知东州”。南渡后，李清照曾有诗句“欲将血泪寄山河，去洒东山一抔土”，“东山”即指其原籍今之山东。

“安石须起”二句：谢安，字安石。隐居后屡诏不仕，时人因言：“安石不肯出，将如苍生何！”（详见《世说新语·排调》）苍生：指百姓。这里借“时人”希望谢安“东山再起”，以喻作者自己企盼正在“东山”隐居的寿主复出做官。

【译文】

薄露初降、昼夜均分。处在环水高耸入云的楼阁亭榭之内，宛如来到了传说中的蓬莱、瀛洲海上仙岛。子弟们纷纷前来祝寿，也有达官贵人，佩饰与名士清儒相辉映。她们花一般柔媚，如玉洁净的双手捧着觞穿行在筵席间，好不热闹。

祝愿您如仙鹤长寿，如松柏常青，愿您精神光照万物与秋月争明。您的品德学问向来闻名京城。谢安隐居东山，虽为王侯卿相，却没有一个比他荣耀！您一定要像谢安一样出仕，拯救天下苍生啊。

【说明】

此词从明抄本《诗渊》录出，原词注明作者“宋李易安”，是近年发现的，孔凡礼《全宋词补辑》收之。寿者未点明是谁，从词义看，可知其人应是当时名儒，而且是直至此时尚隐而不仕者。有的评论人认为是工诗善词的名士朱敦儒。据史传称他“志行高洁，虽为布衣而有朝野之望”，后屡经诏聘，方于绍兴二年出山，赐进士出身在朝廷供职，是与李清照同时代人。

93. 木兰花令·沉水香消人悄悄

沉水香消人悄悄。楼上朝来寒料峭。春生南浦水微波，雪满东山风未扫。
金樽莫诉连壶倒。卷起重帘留晚照。为君欲去更凭栏，人意不如山色好。

【注释】

南浦：水的南岸。在古诗词中一般作为送别的意象。
莫诉：莫要推辞。

【译文】

沉水香已经燃尽，浓浓香气已经消散，四下无人静悄悄。清晨阁楼上春寒料峭，还是有点冷的。送你走的时候，南边的水边已经生出了春意，春风吹拂水面，泛起微微的波纹，那时候东山上的雪还没有被春风吹扫干净呢。

莫要推辞美酒，开怀畅饮吧。卷起重重的帘幕，想留住西下的夕阳。夫君你就要走了，想到这里，我独自靠在栏杆上，山色如此美好，你却执意要走。

【说明】

徐培均《李清照集笺注》：该词录自明抄本程敏政《天机馀锦》卷二。

94. 失调名八则

几多深恨断人肠。
水晶山枕象牙床。
行人舞袖拂梨花。
犹将歌扇向人遮。
闲愁也似月明多。
罗衣消尽恁时香。
直送凄凉到画屏。
彩云易散月长亏。

【说明】

刘瑜《李清照全集》：八句中七句出于宋人胡伟《宫词》集句，唐圭璋《全宋词》收之，唐案："胡伟所集，有诗句亦有词句。李清照以词名，且此七句依其格调，似是词句。"亦见于王仲闻本的易安诗部分，王案："其用韵相同者是否属于同一作品，无法考定。又胡伟所集，有时割裂原句……此七句是否俱为完整之句，亦不得而知。以各句风调观之，似是词句。传世清照诗，与之不甚相近。"其中"行人"句出自《古今小说》之《张古老种瓜娶文女》，亦见于王仲闻本的易安诗部分，王案："此句未必为易安所作，为诗为词，亦不可知。"

佚词

词一首

95. 鹊桥仙·金鱼池莲

得知这首词的存在，是因为宋代朱敦儒有一首和词，题目名曰：《鹊桥仙（和李易安金鱼池莲）》。

附朱敦儒该词原文如下：

白鸥欲下，金鱼不去，圆叶低开蕙帐。轻风冷露夜深时，独自个、凌波直上。

幽阑共晚，明珰难寄，尘世教谁将傍。会寻织女趁灵槎，泛旧路、银河万丈。

图书在版编目（CIP）数据

漱玉词 / (宋) 李清照著；全丽娜译. -- 南京：
江苏凤凰文艺出版社, 2019.7
ISBN 978-7-5594-3506-4

Ⅰ. ①漱… Ⅱ. ①李… ②全… Ⅲ. ①宋词 – 选集
Ⅳ. ①I222.844

中国版本图书馆CIP数据核字（2019）第058736号

漱玉词

（宋）李清照 著　全丽娜 译

责任编辑　唐　婧　黄孝阳
装帧设计　吉冈雄太郎
责任印制　郝　旺
出版发行　江苏凤凰文艺出版社
　　　　　南京市中央路 165 号，邮编：210009
网　　址　http://www.jswenyi.com
印　　刷　北京市松源印刷有限公司
开　　本　880 × 1230 毫米　1/32
印　　张　7
字　　数　200 千字
版　　次　2019 年 7 月第 1 版　2019 年 7 月第 1 次印刷
书　　号　ISBN 978-7-5594-3506-4
定　　价　45.00 元

江苏凤凰文艺版图书凡印刷、装订错误可随时向承印厂调换
电话：（010）83670070

上架建议：文学・诗词

定价：45.00元

SHU YU CI

-

Li Qingzhao

ISBN 978-7-5594-3506-4

9 787559 435064 >